Stephen R. Covey
Die 7 Wege zu glücklichen Beziehungen

»Es gibt keinen besseren Weg,
fortlaufend den Geist zu erweitern,
als es sich zur Gewohnheit zu machen,
regelmäßig gute Literatur zu lesen.«

STEPHEN R. COVEY

Weitere Bücher von Stephen R. Covey

Die 7 Wege zur Effektivität (978-3-86936-894-8)
Die 7 Wege zur Effektivität – Workbook (978-3-86936-106-2)
Die 7 Wege zur Effektivität für starke Familien (978-3-96739-014-8)
Wie man ein persönliches Leitbild entwickelt (978-3-95623-210-7)
Die 12 Gründe des Gelingens (978-3-86936-722-4)
Vom Beruf zur Berufung (978-3-86936-172-7)

Außerdem von Sean Covey

Die 7 Wege zur Effektivität für Jugendliche (978-3-86936-940-2)
Die 6 wichtigsten Entscheidungen für Jugendliche (978-3-86936-969-3)

Stephen R. Covey
Sandra Merrill Covey | John Covey | Jane P. Covey

Die 7 Wege zu glücklichen Beziehungen

Aus dem Amerikanischen
von Nikolas Bertheau

GABAL
FranklinCovey
THE ULTIMATE COMPETITIVE ADVANTAGE

www.franklincovey.de
www.franklincovey.ch
www.franklincovey.at

Externe Links wurden bis zum Zeitpunkt der Drucklegung des Buches geprüft.
Auf etwaige Änderungen zu einem späteren Zeitpunkt hat der Verlag keinen Einfluss.
Eine Haftung des Verlags ist daher ausgeschlossen.

Bibliografische Information der Deutschen Nationalbibliothek

Die Deutsche Nationalbibliothek verzeichnet diese Publikation
in der Deutschen Nationalbibliografie; detaillierte bibliografische
Informationen sind im Internet über http://dnb.d-nb.de abrufbar.

ISBN 978-3-96739-041-4

Lektorat: Claudia Franz, Oberstaufen | info@text-it.org
Content design: Annie Oswald und Kerstin Schlosser
Umschlaggestaltung: total italic (Thierry Wijnberg), Amsterdam / Berlin |
www.totalitalic.com
Titelgrafik: Shutterstock / Channarong Pherngjanda
Satz und Layout: Das Herstellungsbüro, Hamburg | www.buch-herstellungsbuero.de
Druck und Bindung: Salzland Druck, Staßfurt

Wir drucken in Deutschland.

www.gabal-verlag.de
www.facebook.com/Gabalbuecher
www.twitter.com/gabalbuecher
www.instagram.com/gabalbuecher

PEFC
PEFC/04-31-2251

PEFC zertifiziert
Dieses Produkt stammt aus nachhaltig bewirtschafteten Wäldern und kontrollierten Quellen.

www.pefc.de

Inhalt

Vorwort von Jane P. und John Covey

Seit über 25 Jahren reisen wir nun schon durch die ganze Welt, um Paare und Familien mit den *7 Wegen zur Effektivität* vertraut zu machen. Einiges, was wir auf dieser spannenden Reise gelernt haben, wollen wir in diesem Buch an Sie weitergeben. Das Wichtigste zuerst: Die *Prinzipien* der Effektivität und des menschlichen Miteinanders, die wir Ihnen auf den folgenden Seiten vorstellen, haben sich in *allen* nur denkbaren Konstellationen und Lebenslagen bewährt. Unabhängig von Ihrer aktuellen Situation werden die Prinzipien aus den 7 Wegen auch Ihnen helfen, Liebe, Achtsamkeit und Verständnis in Ihre Beziehung zu bringen.

Aber wovon hängt es ab, ob eine Beziehung am Ende glücklich verläuft oder nicht? Der Schlüssel dazu ist, wie Sie als Paar mit den Herausforderungen, die das Leben nun einmal bereithält, umgehen. Beziehungs- und Familienprobleme verschwinden nicht einfach von allein. Im Gegenteil: Je länger die Probleme bestehen, desto komplizierter werden sie. Deshalb ist es wichtig, *dass* Sie sich diesen Herausforderungen stellen. Noch viel wichtiger ist es jedoch, *wie* Sie das tun.

Eine Beziehung kann man sehr gut mit einem Flugzeug vergleichen: Ein Flugzeug braucht ein klares *Ziel*, einen konkreten *Flugplan* und zuverlässige *Instrumente*, um auf Kurs zu bleiben und am gewünschten Ort anzukommen. Ähnlich ist es mit Ihrer Ehe oder Partnerschaft. Nur wenn Sie diese drei Dinge im Gepäck haben, werden Sie mit Ihrem Partner oder mit Ihrer Partnerin auf lange Sicht glücklich sein. Ziel, Flugplan und Instrumente: Die 7 Wege geben Ihnen alles Wesentliche an die Hand, um die Höhen und Tiefen des Lebens gemeinsam zu meistern.

Dieses Buch ist kein klassischer Beziehungsratgeber. Es ist ein Praxisbuch voller Beispiele, Anekdoten und Übungen. Stephen und Sandra Covey sowie viele andere Paare schildern, wie sie die 7 Wege praktisch im Alltag umsetzen. Ich, John, kannte Stephen, seit ich auf der Welt bin. Er war mein großer Bruder. Und ich, Jane, habe miterlebt, wie Stephen und Sandra eine tiefe, glückliche Beziehung führten, die bis heute positiv auf ihre Kinder, Enkel und Urenkel ausstrahlt. Für mich sind die beiden ein leuchtendes Beispiel. Ich bin ihnen unendlich dankbar für alles, was sie für mich, meine Ehe und meine Familie bewirkt haben.

Die Inhalte dieses Buches wurden wenige Monate vor Stephens Tod aufgezeichnet. Damals war Stephen knapp 80 Jahre alt und nach wie vor voller Elan und Leidenschaft als Autor, Vortragsredner und Unternehmer aktiv. Für Stephen waren Ehe und Familie das Allerwichtigste im Leben. Deshalb freuen wir uns sehr, dass Sie dieses Buch jetzt in Ihren Händen halten. Wir hoffen, dass Sie genauso von den 7 Wegen profitieren, wie wir und unzählige andere Paare und Familien es tun.

Jetzt wünschen wir Ihnen viel Freude beim Lesen und vor allem beim Umsetzen der 7 Wege zu glücklichen Beziehungen!

John und Jane P. Covey

Stephen R. Covey

Liebe kommt vom Tun

Hallo! Mein Name ist Stephen R. Covey. Ich freue mich, dass Sie mehr darüber erfahren wollen, wie Sie mit Hilfe der *7 Wege zur Effektivität* eine glückliche, liebevolle, erfüllende Beziehung führen können. Partnerschaft und Familie sind für mich das Wichtigste im Leben. Sie sind die Keimzelle unserer Gesellschaft und das Fundament unserer Zukunft. Zudem bin ich überzeugt, dass wir wahres Glück und echte Erfüllung nur im Kreis der Menschen finden können, die wir lieben. Amerikas frühere First Lady Barbara Bush hat das in einer Rede vor den Absolventinnen des Wellesley College wunderbar auf den Punkt gebracht:

»So wichtig Ihre Aufgaben als Ärztin, Anwältin oder Unternehmerin auch sein werden – Sie sind doch zuallererst Menschen. Ihre Beziehungen zu Ihren Partnern, Kindern und Freunden sind die wichtigsten Investitionen in Ihrem Leben. Am Ende Ihres Lebens werden Sie nicht bedauern, dass Sie nicht noch eine Prüfung bestanden, noch einen Prozess gewonnen oder noch ein Projekt erfolgreich abgeschlossen haben. Im Gegenteil: Es wird Ihnen um die Zeit leidtun, die Sie nicht mit Ihrem Partner oder Ihren Kindern, Freunden und Eltern verbracht haben … Für unseren Erfolg als Gesellschaft ist nicht entscheidend, was im Weißen Haus geschieht, sondern was in Ihrem Haus passiert.«

Dag Hammarskjöld, der ehemalige Generalsekretär der Vereinten Nationen, formulierte es so: »Es ist ehrenwerter, seine ganze Kraft einem einzigen Menschen zu widmen, als die gesamte Menschheit retten zu wollen.« Meine Frau Sandra liebt es, mir dieses Zitat von Zeit zu Zeit in Erinnerung zu rufen.

Glückliche Ehen und starke Familien sind kein Zufall. Oft müssen wir hart dafür arbeiten. Wir müssen bereit sein, Mühen auf uns zu nehmen und Opfer zu bringen. Denken Sie immer daran: Lieben ist ein Verb. *Liebe kommt vom Tun* – in guten wie in schlechten Zeiten, das ganze Leben lang. Was genau ich Ihnen damit sagen will? Das zeigt die folgende Geschichte:

Nachdem ich bei einem Seminar über den 1. Weg und das Konzept der Pro-Aktivität gesprochen hatte, kam einer der Teilnehmer zu mir. Er meinte:

»Was Sie da sagen, gefällt mir. Aber jede Situation ist anders. Meine Ehe zum Beispiel … Ich mache mir wirklich Sorgen! Meine Frau und ich haben nicht mehr die gleichen Gefühle füreinander wie früher. Ich glaube, ich liebe sie einfach nicht mehr – und sie mich auch nicht. Was kann ich tun?«

»Das Gefühl ist nicht mehr da?«, fragte ich.

»Genau! Aber wir haben drei Kinder, die uns sehr am Herzen liegen. Was würden Sie mir raten?«

»Lieben Sie Ihre Frau!«, antwortete ich.

»Ich habe Ihnen doch gesagt, dass das Gefühl nicht mehr da ist!«

»Lieben Sie Ihre Frau!«

»Sie verstehen mich nicht. Es ist einfach keine Liebe mehr da.«

»Genau deshalb sollten Sie Ihre Frau lieben. Wenn das Gefühl nicht mehr da ist, ist das ein wirklich guter Grund, Ihre Frau zu lieben.«

»Aber wie liebt man denn, wenn man nicht mehr liebt?«

»Liebe kommt vom Tun. Das Gefühl der Liebe ist das Ergebnis unseres Handelns. Lieben Sie Ihre Frau. Unterstützen Sie sie. Hören Sie ihr zu. Zeigen Sie Verständnis. Schätzen Sie sie. Machen Sie ihr Komplimente. Sind Sie dazu bereit?«

Leider sind viele nicht bereit, sich mit ganzem Herzen für ihre Beziehung einzusetzen. Hochglanzmagazine, Hollywoodfilme und andere Medien gaukeln uns vor, dass Liebe ein Gefühl ist, das einfach da ist – oder eben nicht. Beziehungen werden zu austauschbaren Wegwerfprodukten degradiert. Doch das entspricht nicht der Realität. Vielmehr bringt es unzählige Paare vom Kurs ab und stürzt sie ins Unglück.

Eine Beziehung zu beenden, mag auf den ersten Blick vielleicht »einfacher« sein, als sie wieder ins Lot zu bringen. Langfristig gesehen ist es jedoch oft viel schwieriger und schmerzhafter – besonders, wenn Kinder betroffen sind. Jeder, der eine Trennung oder eine Scheidung durchgemacht hat, kann Ihnen das bestätigen. Viele leiden noch Jahre später an den Folgen.

Mit diesem Buch möchte ich Ihnen Mut und Hoffnung machen. Ich bin sicher: Die *universellen, zeitlosen Prinzipien* aus den 7 Wegen werden auch in Ihrer Partnerschaft und in Ihrer Familie sehr viel Gutes bewirken. Sandra, mit der ich seit 50 Jahren verheiratet bin, sowie mein Bruder John und seine Frau Jane steuern hier ihre Erkenntnisse und ihre persönlichen Erfahrungen mit den 7 Wegen bei. Gemeinsam wollen wir Ihnen helfen, die 7 Wege in Ihrer Beziehung und Ihrer Familie umzusetzen. Und eins kann ich Ihnen schon jetzt versprechen: Wenn Sie die Prinzipien aus den 7 Wegen konsequent anwenden, werden Sie schon sehr bald erste positive Veränderungen sehen.

Ich wünsche Ihnen und Ihren Lieben alles erdenklich Gute!

Stephen R. Covey

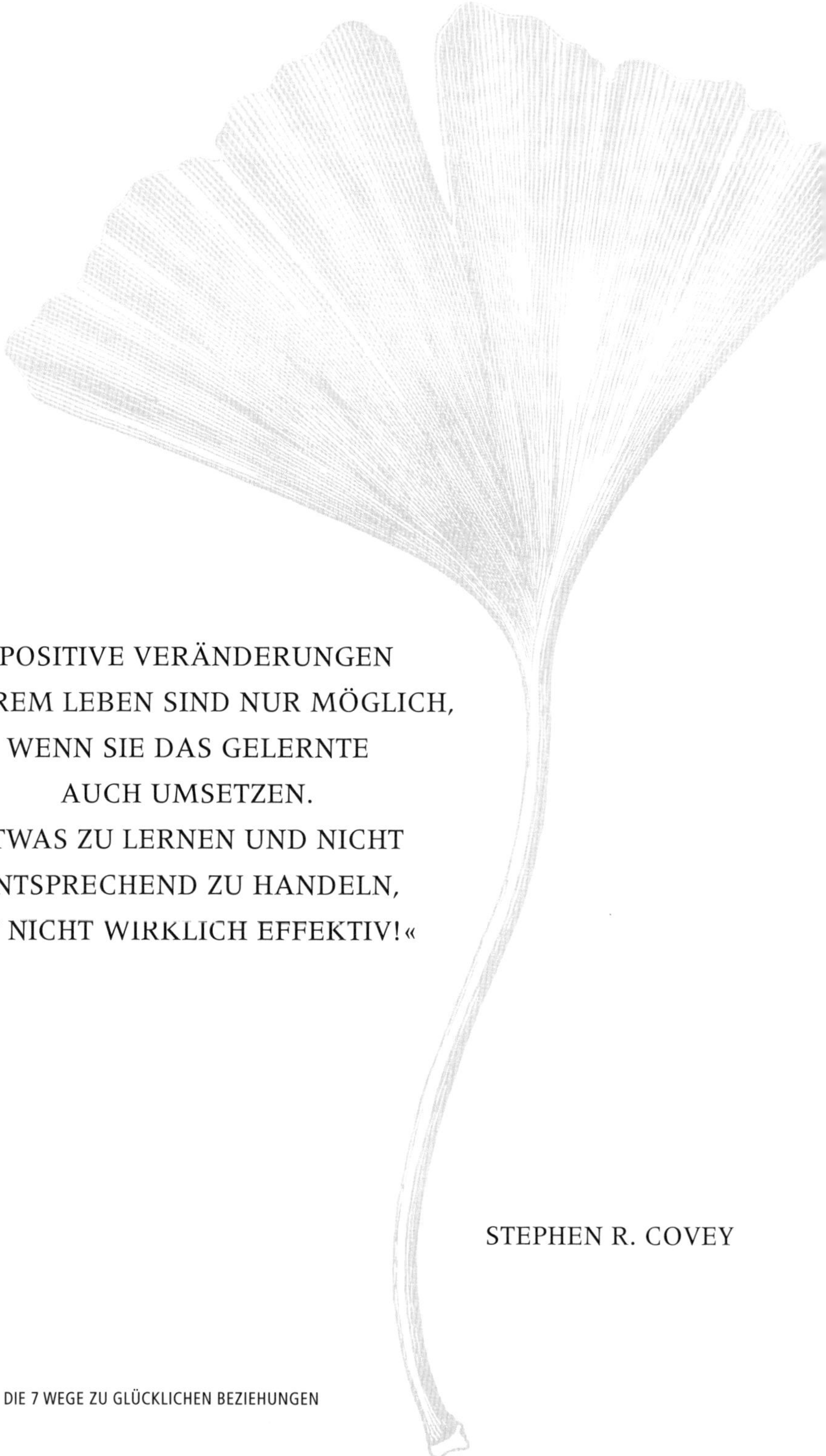

»POSITIVE VERÄNDERUNGEN
IN IHREM LEBEN SIND NUR MÖGLICH,
WENN SIE DAS GELERNTE
AUCH UMSETZEN.
ETWAS ZU LERNEN UND NICHT
ENTSPRECHEND ZU HANDELN,
IST NICHT WIRKLICH EFFEKTIV!«

STEPHEN R. COVEY

Sandra Merill Covey

Für eine gute Beziehung braucht man Humor

Was ich mit Sicherheit sagen kann: Mit Stephen verheiratet zu sein, ist nie langweilig. Er macht immer so viele lustige, spannende Dinge. Ich erinnere mich noch gut daran, wie meine Mutter und mein Vater Hand in Hand zu Fernwood's gingen. Sie holten sich ein Eis, schlenderten anschließend zurück, setzten sich auf die Veranda und plauderten mit den Nachbarn. Wissen Sie, Stephen und ich hatten nie so ein ruhiges, beschauliches Leben. Immer wieder frage ich ihn: »Was ist bloß aus den guten alten Tagen geworden, als du noch mehr Zeit hattest und wir nicht dauernd so unter Stress standen?«

Aber es ist ein herrliches Leben. Es ist wundervoll, voneinander zu lernen und zu sehen, wie unsere Kinder aufwachsen, selbstständige Menschen werden und ihr eigenes Leben führen. Und so denke ich: Eine Beziehung oder eine Ehe ist etwas wirklich Gutes. Jeder Partner muss seinen Teil dazu beitragen, dass es funktioniert. Wir werden hoffentlich weniger egoistisch und lernen stattdessen zu geben und zu lieben. Das ist eine sehr effektive Möglichkeit, um sich weiterzuentwickeln.

Als Paar neue Wege beschreiten

Wissen Sie, was mir am schwersten fiel, als ich frisch verheiratet war? Ich hatte das Gefühl, dass ich meine Familie verrate, wenn ich manche Dinge anders machte als meine Eltern. Und ich brauchte Jahre, bis ich begriff, dass jede Familie ihre eigenen Rituale und Traditionen entwickelt, dass man dazulernen und sich weiterentwickeln kann. Erst allmählich erkannte ich: Als Paar haben wir die Freiheit, neue Wege zu beschreiten. Wir müssen uns nicht an die Skripte halten, die unsere Herkunftsfamilien für das Drehbuch unseres Lebens vorgesehen haben.

Kurz nach unserer Hochzeit zogen wir nach Boston, wo Stephen studierte. Wir bekamen Nachwuchs und kehrten ein Jahr später wieder zurück nach Utah. Ich weiß noch, wie Stephens Mutter mich an unserem allerersten Wochenende zu Hause anrief und sagte: »Oh Sandra, ich bin so froh, dass ihr wieder zurück seid! Ich wollte dir unbedingt sagen, dass Stephen mit Milch der Marke Arden groß geworden ist. Die hatten wir immer. Außerdem lesen wir täglich die Deseret News, weißt du.« Kurz danach meldete sich meine Mutter. Sie meinte: »Sandra, du hast immer Winder Dairy bekommen und wir lesen die Tribune!« Und jetzt? Stephen und ich mussten einen neuen Weg finden. Also kaufte ich die Milch von Clover Leaf und den Daily Herald.

Gemeinsam neue Wege zu entdecken ist etwas Wunderbares. Inzwischen haben unsere Kinder eigene Familien und ich habe allen immer wieder gesagt: »Nehmt das Beste aus beiden Familien. Ihr müsst es nicht so machen wie wir. Macht es einfach so, wie es sich für euch gut und richtig anfühlt.«

Unterschiede bereichern die Beziehung

Meine Familie war immer sehr offen und nach außen gewandt. Wir scheuten uns nicht, unsere Gefühle zu zeigen, uns zu küssen und zu umarmen. Niemand hatte irgendwelche Geheimnisse vor den anderen. Jeder wusste alles über jeden. Und wenn jemand wütend auf dich war, dann wurde das direkt angesprochen. Stephens Familie war da sehr viel zurückhaltender. Wenn man sich über einen anderen ärgerte, zeigte man es nicht. Man behielt die Dinge mehr für sich. Das war ein interessanter Kontrast in unserer Beziehung. Stephen wollte mich dazu bringen, weniger freiheraus zu sein. Und ich bemühte mich, ihn davon zu überzeugen, dass er mehr sagte.

Und es gibt noch einen sehr, sehr großen Unterschied zwischen Stephen und mir: Stephen war schon immer sehr abenteuerlustig. Er mag Bootsausflüge, fährt Wasserski oder springt mitten in der Nacht in den See. Zudem liebt er es, mit allen möglichen Geländefahrzeugen und Motorrädern durch die Gegend zu brettern. In unseren ersten Ehejahren hörte ich immer die warnende Stimme meiner Mutter: »Wenn du in dieses Boot steigst, wirst du ertrinken, und wenn du auf diesen Baum kletterst, wirst du herunterfallen!« Die mahnenden Worte meiner Mutter habe ich bis heute im Kopf. Aber was bedeutete das für meine Beziehung mit Stephen? Damit jeder von uns er selbst sein konnte und wir dennoch als Team funktionieren konnten, schlossen wir einen Pakt. Wir vereinbarten, immer das Wohl unserer Kinder im Blick zu haben und uns im Übrigen gegenseitig unseren Stil und unsere Art zu lassen.

Ich liebe Kunst und Theater, Ballett und Oper. Also besuchen wir oft mit der gesamten Familie kulturelle Veranstaltungen. Stephen ist ein Fan von Basketball, Football und vielen anderen Sportarten. Für ihn ist es das Größte, wenn wir alle zu den Spielen mitkommen. Irgendwie finden wir immer eine Lösung, um alles unter einen Hut zu bekommen.

Als unsere Jungs noch kleiner waren, musste ich sie regelrecht zu den Symphoniekonzerten schleppen. Doch als sie Teenager wurden und anfingen, sich mit Mädchen zu verabreden, war das plötzlich total cool. Denn die Mädels fanden es chic, zum Ballett oder zum Theater eingeladen zu werden. Auf einmal rissen sich unsere Jungs um die Karten. Das war herrlich!

Manchmal kommt es vor, dass Stephen und ich etwas haben, das jedem von uns wichtig ist. Beispielsweise möchte ich eine Ballettaufführung besuchen, während Stephen lieber ins Kino oder zu einer Sportveranstaltung will. Dann fragen wir uns gegenseitig: »Mal ehrlich: Wie wichtig ist dir das auf einer Skala von 1 bis 10?« Die grundlegende Regel dabei lautet: Schwindeln ist streng verboten! Wenn ich sage: »Naja, für mich ist es eine 5«, kann es sein, dass Stephen erwidert: »Okay, für mich ist es nur eine 2. Also, lass uns ins Ballett gehen.« Das ist eine einfache, aber höchst effektive Form der Kommunikation, die sich in unserer Beziehung bestens bewährt hat.

Wie ich schon sagte: Wir haben die Wahl. Wir müssen nicht alles genauso machen, wie unsere Eltern es uns beigebracht haben. Wir können selbst entscheiden. Wir können uns aufeinander einstellen und gemeinsam herausfinden, was jedem von uns wichtig ist. So werden Unterschiede eine wunderbare Bereicherung für die Beziehung.

Reden, reden, reden: Der Schlüssel liegt in der Kommunikation

Stephen und ich haben gelernt, miteinander zu reden. Er ruft mich mehrmals täglich an – ganz gleich, wo er gerade ist. Als er in China, Singapur und Hongkong war, rief er an und fragte: »Hallo, was machst du gerade?« Und ich antwortete: »Weißt du eigentlich, dass es hier drei Uhr in der Nacht ist?«

Und dann haben Stephen und ich ein Ritual – das ist sehr wichtig für uns: Wir haben ein kleines Motorrad. Mit unserer Honda unternehmen wir jeden Tag eine kurze Ausfahrt. Nur wir zwei. Dann sind wir für nichts und niemanden zu erreichen. Wir fahren einfach durch die Gegend und sprechen miteinander. Es ist unglaublich schön, diese Zeit zusammen zu verbringen und in Ruhe miteinander zu reden.

Ganz gleich, welche Probleme oder Sorgen Sie haben: Wenn Sie mit Ihrem Partner darüber sprechen können, dann fühlen Sie sich schon besser. Schwierig wird es, wenn Sie für etwas keine Worte finden und nicht darüber reden können. Stephen sagt immer: »Gefühle, die wir nicht ausdrücken, verschwinden nicht. Sie kommen in hässlicherer Form wieder zu uns zurück.« Das kann ich nur bestätigen. Deshalb ist es unerlässlich, dass Partner lernen, ihre Gedanken und Gefühle in einem sicheren Umfeld offen zur Sprache zu bringen.

Reden Sie miteinander. Uns Frauen fällt das leichter. Oft wünschen wir uns, dass unsere Männer genau das sagen, was wir am liebsten hören würden. Eine gute Freundin erzählte mir: »Eines Abends sagte ich zu meinem Mann: ›Schatz, du bist so wunderbar. Du bist der beste Ehemann. Ich bin so glücklich, dass ich dich geheiratet habe. Ich kann mir wirklich keinen besseren Mann vorstellen!‹ Das war tatsächlich so gemeint. Aber natürlich habe ich gehofft, dass er etwas Ähnliches zu mir sagen würde. Doch er murmelte nur: ›Dito!‹«

Manchmal müssen wir uns eben mit solchen Antworten zufriedengeben. Aber dann können wir nach »Worten« in anderer Form suchen, um uns unsere Liebe zu zeigen.

Öffnen Sie Ihr Herz und zeigen Sie Ihre Liebe

In unserer Familie haben wir ein ganz besonderes Ritual: Wenn einer von uns nach Hause kommt, lassen wir alles stehen und liegen. Wir begrüßen ihn und schenken ihm unsere gesamte Aufmerksamkeit. Ob Partner oder Kind: Wir zeigen dem anderen, wie sehr wir ihn lieben und wie froh wir sind, dass er wieder zu Hause ist: »Schön, dass du zurück bist. Erzähl mir, wie war dein Tag.« Und wenn jemand das Haus verlässt, geben wir ihm einen dicken Kuss, nehmen ihn in den Arm und sagen: »Pass gut auf dich auf und komm bald wieder.« So fühlt sich jeder geschätzt und geliebt.

Einer meiner Schwiegersöhne meinte: »Als ich in eure Familie hineingeheiratet hatte, war ich erstaunt, wie oft ihr euch gegenseitig sagt, wie sehr ihr euch liebt und wie wichtig ihr euch seid.« Nach einer Pause fügte er hinzu: »Inzwischen weiß ich das sehr zu schätzen!«

Sagen Sie sich so oft wie möglich gegenseitig nette Dinge. Kinder sind da sehr zurückhaltend. Sie bemerken selten: »Was bist du doch für eine tolle Mutter. Ständig putzt du für uns, wäschst und kochst so leckeres Essen!« Deshalb hat sich Stephen etwas für mich ausgedacht. Wenn es allen richtig gut schmeckt, sagt er: »Hey Kinder, wie wäre es mit einer Runde Applaus für eure Mutter!« Dann stehen alle auf und klatschen. Und wenn jemand in unserer Familie etwas Besonderes macht, rufen unsere Kinder im Chor: »Hipp, hipp, hurra!« Ich liebe das!

Und plötzlich stand ich auf der Straße …

Mein Mann Stephen ist in meinen Augen der Allergrößte. Ich finde das Leben mit ihm herrlich – und ich bin überglücklich, dass ich ihn geheiratet habe. Aber manchmal passieren Dinge, die man besser mit Humor nehmen sollte:

Wir haben weiter oben in Montana einen Ort, an dem wir gerne die Sommermonate verbringen. Einmal waren wir im frühen Herbst dort. Als es allmählich kälter wurde, wollten wir wieder zurück nach Hause fahren. Die Rückfahrt war für Sonntag geplant. Wir standen früh auf, um noch in die Kirche zu gehen, und Stephen und ich waren entsprechend gekleidet. Da wir eine lange, anstrengende Fahrt vor uns hatten, stiegen wir direkt nach der Kirche ins Auto.

Stephen fuhr eine Weile und meinte dann: »Ich bin total müde. Möchtest du dich eine Weile hinters Steuer setzen?«

»Klar«, antwortete ich.

Einige Stunden später, nachdem Stephen etwas geschlafen hatte, begannen auch mir, die Augen zuzufallen. Ich sagte zu ihm: »Ich brauche eine Pause. Kannst du bitte wieder übernehmen. Ich würde gerne aussteigen, nach hinten gehen und mich ein bisschen hinlegen. Du hast auf der Rückbank so ein schönes Bett hergerichtet.«

Er meinte: »Okay.«

Ich hielt an, stieg aus und lief zum Kofferraum, während Stephen vorne um unser Auto herumging. Wir standen in einer Parkbucht am Rand einer Schnellstraße. Die Autos rasten an uns vorbei und es war ziemlich laut. Ich zog meine hochhackigen Schuhe aus, öffnete die Heckklappe und legte sie hinten ins Auto. Anschließend warf ich die Hecktür zu, weil sie geschlossen sein muss, damit der Wagen starten kann.

Stephen hörte, wie ich die Tür zuschlug. Er dachte: Sandra ist im Auto. Dann gab er Gas, fuhr schnurstracks auf die Schnellstraße und sauste davon. Kopfschüttelnd stand ich am Rand der Schnellstraße – ohne Schuhe, nur in Strümpfen. Es war bitterkalt. Ich hoffte inständig, dass Stephen schnell bemerken würde, dass ich gar nicht im Auto war. Ich wartete und wartete … Unzählige Autos sausten an mir vorbei und sahen mich in Strümpfen am Straßenrand stehen. Vermutlich haben einige Autofahrer die Polizei gerufen: »Irgendjemand hat seine Frau aus dem Wagen geworfen. Jetzt steht sie frierend und ohne Schuhe in einer Parkbucht neben der Schnellstraße …«

Nach einer gefühlten Ewigkeit kam dann ein Streifenwagen vorbei. Der Polizist hielt an und fragte: »Gibt es ein Problem in Ihrer Familie?«

Ich sagte: »Oh nein. Mein Mann denkt sicher, dass ich im Auto bin. Er ist losgefahren und hat gar nicht bemerkt, dass ich noch nicht eingestiegen war.«

Der Polizist erwiderte: »Na, das ist aber seltsam. Ich meine, Sie sollten auf dem Beifahrersitz sitzen und Ihr Mann hat nicht bemerkt, dass Sie nicht da waren?«

Und ich sagte: »Nein, ich war gerade dabei, hinten einzusteigen. Ich wollte mich ein wenig auf der Rückbank ausruhen.«

Er meinte: »Aha, verstehe. Also gut, steigen Sie ein. Wir werden Ihren Mann schon finden.«

Wir fuhren los und er fragte: »Hat Ihr Mann ein Handy?«

»Ja, hat er.«

»Na dann rufe ich ihn mal an.«

Er wählte die Nummer und sagte: »Mr. Covey?«

»Ja.«

»Hier ist die Polizei. Wo sind Sie gerade?«

»Oh, ich weiß nicht genau. Zuerst fuhr meine Frau. Jetzt fahre ich. Ich bin mir nicht mal sicher, in welchem Bundesstaat ich bin. Ich glaube, es ist Utah. Warten Sie einen Moment, ich frage meine Frau. Sie schläft hinten im Auto.«

Dann rief Stephen: »Sandra! Sandra … Sandra, wo bist du?«

Da unterbrach ihn der Polizist: »Mr. Covey! Ich glaube nicht, dass Ihre Frau Ihnen antworten wird. Sie sitzt nämlich hier neben mir im Streifenwagen.«

Schließlich holten wir ihn ein. Als Stephen aus dem Auto stieg, rief ich: »Stephen, wieso hast du nicht bemerkt, dass ich nicht im Wagen war? Hast du denn gar nicht nach hinten auf die Rückbank gesehen?!« Er sagte: »Nein. Ich war sicher, dass du da bist. Außerdem habe ich mich nicht umgedreht, weil ich dachte, dann bittest du mich wieder um einen Toilettenstopp oder so was. Das wollte ich vermeiden. Ich wollte so schnell es geht nach Hause fahren!«

Der Polizist wirkte noch immer nicht überzeugt. Stephen meinte: »Na, da habe ich jetzt aber eine tolle Geschichte zu erzählen.«

Und der Polizist sagte: » Wenn hier jemand eine tolle Geschichte zu erzählen hat, dann bin ich das! Warten Sie mal ab, bis ich zu meinen Kollegen sage: ›Stephen Covey hat seine Frau an der Schnellstraße ausgesetzt – ohne Schuhe, nur in Strümpfen! Die hatten sicher einen heftigen Streit!‹«

Mein Mann lässt mich einfach an der Schnellstraße stehen! Ich kann Ihnen sagen: Für eine gute Beziehung braucht man manchmal sehr viel Humor!!!

In diesem Sinne wünsche ich Ihnen eine glückliche Beziehung voller Verständnis, Liebe und Humor!

Ihre Sandra Merrill Covey

TEIL I

Die 7 Wege als Basis für glückliche Beziehungen

Die 7 Wege haben schon unzähligen Menschen auf der ganzen Welt geholfen, glückliche Beziehungen und starke Familien aufzubauen. Damit Sie sich mit den 7 Wegen vertraut machen können, habe ich die wichtigsten Grundprinzipien im ersten Teil dieses Buches für Sie zusammengefasst.

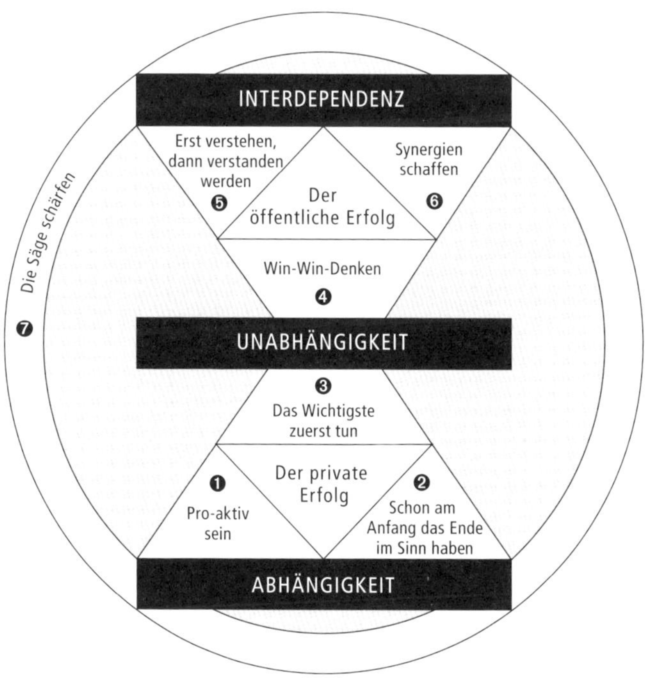

1. Weg: Pro-aktiv sein

Der Schlüssel zu Wachstum und Glück!

Es war auf Hawaii, während eines Forschungssemesters. Ich schlenderte durch die Regalreihen einer Bibliothek. Plötzlich weckte ein Buch mein Interesse. Ich nahm es und blätterte darin herum. Zufällig fiel mein Blick auf drei Sätze. Diese drei Sätze waren für mich wie eine Offenbarung:

> **Zwischen Reiz und Reaktion gibt es einen Raum.**
> **In diesem Raum hat der Mensch die Freiheit zu wählen**
> **und seine Reaktion selbst zu bestimmen.**
> **In dieser Freiheit liegen unser Wachstum und unser Glück.**

Was auch immer es sein mag: Zwischen dem, was um uns herum geschieht, und unserer Reaktion ist ein Raum. Diesem Raum verdanken wir die Freiheit und die Macht, uns für eine Reaktion zu entscheiden. Die Möglichkeit, unsere Reaktion selbst zu bestimmen, ist der Schlüssel zu unserem Wachstum und unserem Glück. Diese Erkenntnis brannte sich für immer in mein Gedächtnis. Daraus wurde das Fundament der 7 Wege.

Reiz	**Freiheit zu wählen**	**Reaktion**

Leider wissen die meisten Menschen nicht, dass es diesen Raum zwischen Reiz und Reaktion gibt. Sie kennen ihre eigene Freiheit nicht. Ihnen ist nicht bewusst, dass sie selbst entscheiden können, wie sie reagieren wollen. Deshalb wählen sie oft ganz automatisch eine der beiden folgenden Verhaltensweisen.

- Sie lassen ihrem Ärger freien Lauf.
- Sie unterdrücken ihren Ärger und hoffen, dass ein Problem, dem sie keine Beachtung schenken, von selbst wieder verschwindet.

Raum für eine 3. Alternative

Was passiert, wenn man so reagiert? Es ist, als würde man das Ventil seines Ärgers voll auf- oder zudrehen. Beides ist nicht hilfreich! Wenn beides keine sinnvolle Option ist, was können wir dann tun? Es gibt eine *3. Alternative*: Wir können uns dafür entscheiden, über unsere negativen Gefühle hinauszuwachsen. Wenn wir uns ärgern, ist das unsere eigene Entscheidung. Diese Entscheidung wird uns nicht aufgezwungen. Wir selbst tun uns das an: *Wir* ärgern *uns*. Die gute Nachricht? Wir können uns auch entschließen, uns nicht zu ärgern.

Wir haben keine Macht über das Verhalten anderer. Doch wir haben es in der Hand, wie wir darauf reagieren. Wir können unsere negativen Emotionen in etwas Anderes, in etwas Besseres umwandeln. Diese Fähigkeit ist jedem von uns gegeben. Sie ist der Schlüssel, um starke, glückliche Beziehungen zu unseren Partnern, unseren Eltern, unseren Kindern oder Freunden aufzubauen.

Wir können frei wählen, wie wir auf die Menschen und Ereignisse um uns herum reagieren wollen. Auf dieser Erkenntnis basiert der 1. Weg: *Pro-aktiv sein*. Je öfter wir unsere Entscheidungsmacht nutzen, desto größer wird der Raum zwischen Reiz und Reaktion und desto größer wird unsere Freiheit. Das ist ein Naturgesetz.

Aber was passiert, wenn wir unsere Entscheidungsmacht nicht oder nur selten nutzen? Dann wird der Raum zwischen Reiz und Reaktion immer kleiner. Irgendwann ist er dann ganz verschwunden. Dann reagieren wir nur noch blind auf das, was von außen an uns herangetragen wird. Wir sind nicht mehr selbst-, sondern fremdbestimmt.

So weit sollten Sie es nicht kommen lassen!

Wie Sie reagieren, entscheiden Sie selbst!

Jeder von uns kann sein Leben pro-aktiv gestalten, denn wir Menschen können uns bewusst machen, wer wir sind und wer wir sein wollen. Das Bewusstsein der eigenen Person, der eigenen Existenz zeichnet uns Menschen mehr als alles andere aus. Es gibt uns die Möglichkeit, unser Leben neu zu erfinden. Wir können einen Schritt zurücktreten, unsere Gedanken und Gefühle reflektieren und dann bewusste Entscheidungen treffen. Nur der Mensch ist zu dieser Art der *Selbstwahrnehmung* in der Lage. Das ist eine besondere, eine enorm wertvolle Gabe.

Und wir benötigen diese Gabe. In unseren Beziehungen, in unseren Familien und im Umgang mit unseren Kindern ist sie unentbehrlich. Wenn wir den Raum zwischen Reiz und Reaktion nutzen und von unserer Freiheit zu wählen den richtigen Gebrauch machen, können wir unsere Familiengeschichte buchstäblich »heilen«. Wir können für uns und unsere Lieben eine neue Gegenwart und eine neue Zukunft schaffen.

Mein Freund, der Familienberater Brent Barlow, bringt es auf den Punkt: »Wenn Sie die Beziehung zu Ihrem Partner verbessern wollen, schauen Sie am besten in den Spiegel.« Das Problem liegt nicht bei meiner Partnerin oder bei meinem Partner. Die tiefere Wurzel des Problems ist meine Sicht von mir selbst. Wenn ich mich als hilfloses Opfer eines irrationalen oder gefühllosen Partners wahrnehme, leugne ich damit eine einfache menschliche Wahrheit: Niemand kann mich zu einem Gefühl oder einer Reaktion zwingen. Was mir von außen widerfährt, liegt jenseits meines Einflusses. Doch die Entscheidung, was *ich* denke, fühle oder tue, liegt allein bei mir.

Vielen Menschen ist dieses Grundprinzip nicht bewusst. Immer wieder beschweren sie sich über ihre Partnerin oder ihren Partner:

- »Sie macht mich total fertig.«
- »Er bringt mich zur Weißglut.«

Natürlich kann es vorkommen, dass andere es gezielt darauf anlegen, mich zum Opfer zu machen. Doch am Ende entscheide ich immer selbst, ob ich die Opferrolle annehme oder nicht. Solange ich mich in der Rolle des Opfers sehe, kann ich nicht viel tun. Denn ich sehe keinen Raum für eine 3. Alternative.

Ganz anders ist es, wenn ich erkenne, dass ich die Fähigkeit habe, meine Reaktion auf die Dinge und die Menschen um mich herum frei zu wählen. Dann habe ich die Wahl:

- Ich kann auf eine unfreundliche Bemerkung mit einer freundlichen Antwort reagieren.
- Ich kann lächeln, statt den Beleidigten zu spielen.
- Ich kann meiner gestressten Partnerin oder meinem überarbeiteten Partner am Ende eines aufreibenden Tages mit Rücksicht und Fürsorge begegnen. Ich muss mich nicht über meinen eigenen harten Tag beklagen – und ich muss auch keinen Wettbewerb anzetteln, wer von uns beiden schlechter dran ist.

Ich selbst habe es in der Hand, den Kreislauf von Ärger und Streit zu durchbrechen! Diese grundlegende Erkenntnis würde viele Beziehungen retten. Davon bin ich zutiefst überzeugt. Deshalb sollten Sie sich immer wieder klarmachen: Sie sind nicht nur »die eine Seite« eines Konflikts. Sie sind jemand, der dazu beitragen kann, eine 3. Alternative zu finden. Eine Alternative, die für beide Partner ein Gewinn ist.

2. Weg: Schon am Anfang das Ende im Sinn haben

Erfinden Sie Ihr Leben und Ihre Zukunft neu

Die Fähigkeit, unsere Gedanken und Gefühle zu reflektieren und dann bewusste Entscheidungen zu treffen, ist ein Geschenk der Natur. Unsere *Selbstwahrnehmung* ist allerdings nicht die einzige Gabe, die uns Menschen auszeichnet. Insgesamt hat uns die Natur mit 4 wertvollen Gaben beschenkt:

Die 4 menschlichen Gaben

- Selbstwahrnehmung
- Vorstellungskraft
- Gewissen
- Freier Wille

Zwei dieser Gaben ermöglichen es uns, den 2. Weg zu gehen. Der 2. Weg lautet: *Schon am Anfang das Ende im Sinn haben*. Welche Gaben entscheidend für den 2. Weg sind? Unsere *Vorstellungskraft* und unser *Gewissen*.

Dank unserer Vorstellungskraft sind wir nicht an unsere Vergangenheit gebunden. Wir können uns eine andere Zukunft vorstellen und unser Leben neu erfinden. Das gilt natürlich auch für unser Familienleben und die Beziehung zu unserem Partner.

Neben der Vorstellungskraft ist unser Gewissen wichtig für den 2. Weg. Es ist eine Art angeborenes, intuitives Bewusstsein dafür, was richtig und was falsch ist.

»ICH HABE DIE MACHT,
SELBST ZU ENTSCHEIDEN, WIE ICH AUF DAS,
WAS UM MICH HERUM GESCHIEHT, REAGIEREN WILL.
ALLEIN DER GEDANKE FASZINIERT MICH.
DENN DAS ERÖFFNET UNS UNGEAHNTE
MÖGLICHKEITEN.«

STEPHEN R. COVEY

Der 2. Weg verbindet unser Gewissen mit unserer Vorstellungskraft. Dadurch können wir selbst entscheiden, welche Art von Zukunft wir uns wünschen. So können wir unsere Familiengeschichte buchstäblich »heilen«. Wir können beschließen, unser Leben besser zu machen. Wir können die Liebe, die wir füreinander empfinden, neu entdecken. Wir haben die Freiheit, aus unserem Leben ein wunderschönes Abenteuer zu machen – ein Abenteuer, das unsere ganze Energie, Leidenschaft und Kreativität freisetzt!

Schreiben Sie Ihre eigene Geschichte

Meine Frau Sandra hat zu Beginn dieses Buchs ja schon die *Skripte* erwähnt, die ihr und mir von unseren Familien mitgegeben wurden, bevor wir verheiratet waren. Da denkt man dann: So läuft das nun mal im Leben. Das macht man eben so. Man hinterfragt es nicht, weil es immer schon so gemacht wurde und fest zur Familientradition gehört.

Um meinen Seminarteilnehmern zu vergegenwärtigen, wie stark wir in diesen Skripten gefangen sind, arbeite ich seit vielen Jahren mit *Wahrnehmungsbildern*: Zuerst teile ich die Teilnehmer in zwei Gruppen. Jeder Gruppe zeige ich dann ein Bild. Sehr gerne verwende ich Bilder, auf denen eine junge beziehungsweise eine alte Frau zu sehen ist. Anschließend präsentiere ich dann allen ein drittes Bild. Auf dem dritten Bild kann man die junge oder die alte Frau erkennen. Was die Leute sehen, hängt stark davon ab, in welcher Gruppe sie waren. Die meisten aus der Gruppe, der ich das Bild mit der jungen Frau gezeigt habe, sehen ein hübsches junges Mädchen. Wohingegen diejenigen, denen ich zuvor das Bild der alten Frau präsentiert habe, eine Greisin erkennen.

Das Experiment mit den Wahrnehmungsbildern zeigt: Unsere bisherigen Erfahrungen prägen unsere Wahrnehmung. Sie bestimmen, wie wir die Dinge um uns herum sehen. Das kann man gut mit einer Brille vergleichen. Wir alle betrachten die Welt durch unsere eigenen Brillen. Diese Brillen prägen unser Wertesystem, unsere Erwartungen, unsere Annahmen, wie die Welt ist und wie sie sein sollte.

Da wir so sehr an unsere Brillen gewöhnt sind, übersehen wir oft, dass wir selbst die kreative Kraft in unserem Leben sind. Wir sind nicht auf die Skripte unserer Vergangenheit und unserer Kindheit festgelegt. Wir können unsere Familiengeschichte »heilen«. Wir haben es in der Hand, in unseren Beziehungen und in unseren Familien jene

Form von Einheit, Harmonie und Glück zu schaffen, die wir uns tief in unserem Inneren wünschen. Wir haben die Macht der Entscheidung.

Die Gewissensfrage: Was erwartet das Leben von mir?

Wie groß unsere Macht ist, frei zu entscheiden, wie wir auf die Dinge um uns herum reagieren, zeigt die Geschichte des weltbekannten österreichischen Neurologen und Psychiaters Viktor Frankl:

> *In den Todeslagern von Nazi-Deutschland fragte Viktor Frankl sich: »Warum muss ich so leiden?« Doch irgendwann wechselte er die Perspektive und dachte: »Was erwartet das Leben von mir?« Umgeben von Leid, Hunger und Kälte, spürte er, wie sein Gewissen ihm sagte: »Teile die kargen Rationen, die du bekommst, mit anderen. Hilf ihnen, um sie vor dem Tod zu bewahren.«*

Was würde passieren, wenn wir in kritischen Augenblicken nicht einfach auf Autopilot schalten und unkontrolliert reagieren? Was wäre, wenn wir stattdessen innehalten, bis zehn zählen und uns fragen: »Was erwartet das Leben von mir? Worum bittet mich meine Partnerin oder mein Partner gerade? Was braucht mein Kind in diesem Augenblick?« Wenn wir das tun, auf unser Gewissen hören und uns vorstellen, wie unsere Reaktion im Idealfall aussehen könnte, beschreiten wir den 2. Weg. Dann haben wir schon am Anfang das Ende im Sinn.

ÜBUNG

Was ist richtig?
Lernen Sie, auf Ihr Gewissen zu hören!

Wenn wir etwas aufschreiben, stellen wir eine Verbindung zwischen unserem Bewusstsein und unserem Unterbewusstsein her. Durch das Schreiben graben sich unsere Gedanken sozusagen Buchstabe für Buchstabe in unser Unterbewusstsein ein.

Probieren Sie heute Abend gleich einmal die folgende Übung: Schreiben Sie vor dem Schlafengehen die zwei Dinge auf, die Sie morgens als Erstes tun wollen. Schauen Sie dann, was am Morgen passiert. Sobald Sie sich etwas nicht nur vorstellen, sondern es auch aufschreiben, prägt es sich noch stärker in Ihr Unterbewusstsein ein. So fällt Ihnen die Umsetzung Ihrer Pläne und Ideen wesentlich leichter.

Nutzen Sie diese Übung und die **Macht Ihres Unterbewusstseins** auch, um die Beziehung zu bekommen, die Sie sich tief in Ihrem Inneren schon immer gewünscht haben. Schreiben Sie auf, wie Sie sich Ihre Partnerschaft vorstellen. Beziehen Sie alle Ihre Sinne ein: Sehen Sie, hören Sie, riechen Sie, schmecken Sie, tasten Sie. Vergegenwärtigen Sie sich das Leben, das Sie führen möchten, die Beziehung, die Sie haben wollen, und die Familie, die Sie sich wünschen, auf jede nur mögliche Weise. Konzentrieren Sie sich dabei auf das, was Sie sich wirklich wünschen. Auf diese Weise lernen Sie, auf Ihr Gewissen zu hören.

Während Sie Ihr Gewissen entdecken, kommen Sie innerlich zur Ruhe. Sie meditieren. In der Stille dieser Meditation, in diesem Augenblick der Achtsamkeit, beginnen Sie zu spüren, was richtig ist. Manchmal ist das etwas anderes als das, was Ihnen von anderen in Ihr Lebensbuch geschrieben wurde. Ja, es kann sogar sein, dass es sich völlig von den Skripten unterscheidet, mit denen Sie aufgewachsen sind!

3. Weg: Das Wichtigste zuerst tun

Konzentrieren Sie sich auf das Wesentliche

Die 4. Gabe, die uns Menschen geschenkt wurde, ist unser *freier Wille.* Das ist unsere Fähigkeit, unsere Ziele frei zu wählen und selbstbestimmt zu handeln. Diese Gabe steht im Mittelpunkt des 3. Weges: *Das Wichtigste zuerst tun.* Er baut direkt auf dem 2 Weg: *Schon am Anfang das Ende im Sinn haben* auf:

- Im 2. Weg haben wir herausgefunden, was das Wichtigste in unserem Leben ist.
- Beim 3. Weg geht es darum, diesen Dingen klar Priorität in unserem Leben zu geben.

Was ist der *Sinn* unseres Lebens? Und welche *Werte* sollen unser Leben prägen? Die Antworten auf diese beiden Fragen sind die wichtigsten Entscheidungen, die wir jemals treffen. Warum das so ist? Jede andere Entscheidung hängt davon ab, welchen Sinn und welche Werte wir in den Mittelpunkt unseres Lebens stellen.

Unser Leben an diesem Sinn und an diesen Werten auszurichten, erfordert *Willenskraft* und *Disziplin.* Oft bedeutet es auch, gegen den Strom zu schwimmen. Dabei helfen uns unsere 4 menschlichen Gaben. Je besser wir diese Gaben nutzen, desto größer wird unsere Fähigkeit, selbst die kreative Kraft in unserem Leben zu werden.

Wie können Sie selbst die kreative Kraft in Ihrem Leben werden? Der Schlüssel liegt in der synergistischen Wechselbeziehung zwischen allen 4 menschlichen Gaben:

- Unsere *Selbstwahrnehmung* ermöglicht es uns, hinter unser eigenes Leben zurückzutreten, Abstand zu gewinnen und unsere Gefühle und Gedanken von außen zu beobachten.
- Unser *Gewissen* hilft uns, zwischen Recht und Unrecht zu unterscheiden.
- Unsere *Vorstellungskraft* ermöglicht es uns, uns auszumalen, wie die ideale Reaktion aussehen würde. So können wir uns selbst und unser Verhalten neu erfinden.
- Unser freier Wille versetzt uns in die Lage, die übrigen drei Gaben zu nutzen.

Die Synergie zwischen allen 4 einzigartigen menschlichen Gaben stellt zudem sicher, dass wir das Wichtigste zuerst tun. Aber was heißt das im Hinblick auf Ihre Beziehung? Es bedeutet, dass Sie den wichtigsten Menschen in Ihrem Leben den Vorrang geben. Bei den meisten sind das die Familienangehörigen. Dabei spielt die Beziehung zu unserer Partnerin oder unserem Partner immer eine ganz besondere Rolle. Das ist die allerwichtigste Beziehung in Ihrem Leben. Sie hat absolute Priorität.

Die eigenen Freiheiten leben

Es ist Ihre freie Entscheidung, der wichtigsten Beziehung in Ihrem Leben Priorität zu geben. Das klingt sehr einfach, ist aber oft eine echte Herausforderung. Was passiert, wenn wir unsere Freiheit nicht nutzen, zeigt Ihnen die folgende Geschichte:

> *In meinen Vorträgen stelle ich den Zuhörern oft die folgende Frage: »Wer von Ihnen spielt Klavier?« Im ersten Augenblick sind sie meist ein wenig erstaunt, dass ich sie so etwas frage. Doch dann melden sich meistens fünf, manchmal auch zehn Prozent. Anschließend hake ich nach: »Wer von Ihnen spielt ganz gut Klavier?« Meistens sind das nur noch ein bis zwei Prozent. Jetzt will ich wissen: »Wer von Ihnen hat mit Klavierstunden angefangen und wieder aufgehört?« Da melden sich dann oft ein Drittel oder sogar die Hälfte aller Zuhörer. Und ich sage: »Ich gehöre auch dazu. Ich weiß noch, wie ich zum Klavierlehrer ging und sofort nach dem Unterricht die Noten im nächstbesten Busch deponierte. Wenn ich in der darauffolgenden Woche wiederkam, ging*

ich zum Busch, nahm die Noten und betrat damit dann das Haus des Klavierlehrers. Irgendwann sagte der Lehrer zu meinen Eltern: »Ihr verschwendet mit Stephen euer Geld. Stephen übt nicht. Er spielt nur in den Unterrichtsstunden Klavier. So wird er nie Fortschritte machen!«

Der Klavierlehrer traf den Nagel auf den Kopf! Und was ist die Folge davon? Ich habe nicht die Freiheit, Klavier zu spielen!

Diese Geschichte zeigt: *Freiheit erfordert Übung!* Natürlich gibt es noch wesentlich wertvollere Freiheiten als das Klavierspielen. Wie steht es um die Freiheit, andere um Vergebung zu bitten? Wie um die Freiheit, nicht verletzt oder beleidigt zu sein? Und: Was ist mit der Freiheit, die 4 menschlichen Gaben zu nutzen, um selbst die kreative Kraft in unserem Leben zu werden? Was ist mit der Freiheit, das eigene Leben neu zu erfinden? Alle diese Freiheiten erfordern Übung. Wenn wir sie wirklich genießen wollen, müssen wir ihnen ständige Aufmerksamkeit schenken und regelmäßig Gebrauch von ihnen machen.

Die Grundlage von Glück und Freude

Es erfordert auch Übung, glückliche Beziehungen zu führen. Manchmal ist es anstrengend und manchmal verlangt es uns Opfer ab. Doch es ist die Basis von Freude und Glück. Nicht unbedingt von Spaß. Aber mit Sicherheit von Freude und Glück.

Was genau bedeutet es, Beziehungen zu anderen zu pflegen? Es bedeutet, dass wir andere wichtiger nehmen als uns selbst. Wir stellen die Bedürfnisse anderer über unsere eigenen. Das hilft uns, die Perspektive zu wechseln und die Welt durch die Augen der anderen zu sehen. Der Schlüssel dazu ist, dass wir den Raum zwischen Reiz und Reaktion regelmäßig aktiv nutzen. Dabei helfen uns unsere 4 menschlichen Gaben:

- Halten Sie immer wieder inne. Gehen Sie in sich. Nutzen Sie Ihre *Selbstwahrnehmung* und achten Sie darauf, wie Sie gewöhnlich auf bestimmte Situationen reagieren.
- Befragen Sie Ihr *Gewissen*, ob diese Reaktion tatsächlich Ihren tiefsten inneren Werten entspricht.
- Setzen Sie *Ihre Vorstellungskraft* ein, um sich die ideale Reaktion in allen Einzelheiten auszumalen.

- Mobilisieren Sie Ihren *freien Willen* und setzen Sie die von Ihnen gewünschte Reaktion konsequent in die Tat um.

Wie bereits erwähnt: Das erfordert Übung, Mühe und manchmal auch Opfer. Doch so lernen Sie, freundlicher, einfühlsamer und empathischer zu sein. Und das ist für mich die Grundlage für starke, glückliche Beziehungen.

EXKURS: Die 7 Kosten einer Scheidung

Vor einiger Zeit bat mich Lorie Fowlke, das Vorwort zu ihrem Buch »Thinking Divorce? Think Again!« zu schreiben. Das war unglaublich interessant, weil Lorie Scheidungsanwältin ist und tagein, tagaus mit Ehen und Familien zu tun hat.

Lorie räumt ein, dass es Situationen gibt, in denen es sinnvoll sein könnte, sich Gedanken über eine Scheidung zu machen. Allerdings ist sie der Meinung, dass man sich das sehr gut überlegen und die Scheidung nur als allerletzten Ausweg sehen sollte. Lorie empfiehlt, alles zu versuchen, um die Ehe zu retten. Warum? Eine Scheidung bringt 7 Kosten oder 7 schmerzhafte Konsequenzen mit sich:

1. **Finanzieller Aufwand.** Eine Scheidung kostet viel Geld. Beide Ehepartner versuchen, sich möglichst viel vom gemeinsamen Besitz zu sichern. Unterdessen müssen Rechnungen weiter beglichen, teure Anwälte engagiert und die Prozesskosten bezahlt werden.
2. **Ein neues »halbes Leben« beginnt.** Eine Scheidung drückt Ihren Lebensstil nach unten. Das Einkommen bleibt gleich. Doch plötzlich müssen zwei Haushalte finanziert werden. Den Banken sind Scheidungen egal. Die Schulden und Kreditraten für Hausbau, Wohnungskauf oder Autofinanzierung verschwinden nicht einfach. Sie müssen auch nach der Scheidung pünktlich bezahlt werden.
3. **Schmerz und Verletzung.** Eine Scheidung ist emotional sehr belastend und oft mit tiefen Verletzungen verbunden. Dazu kommt bei vielen ein anhaltender Schmerz über das Scheitern der Ehe. Oft dauert es Jahre, bis der Schmerz und die seelischen Wunden verblassen. Manchmal gelingt es nie richtig.
4. **Leistungseinbußen im Beruf.** Eine Scheidung wirkt sich nicht nur auf das Privatleben, sondern auch auf den Beruf aus. Viele Betroffene sind weniger konzentriert und weniger belastbar. Das verringert die Leistungsfähigkeit. Hält

dieser Zustand über längere Zeit an, kann das zu ernsthaften Schwierigkeiten am Arbeitsplatz und im schlimmsten Fall sogar zur Kündigung führen.

5. **Schuldgefühle.** War es meine Schuld? Eine Scheidung traumatisiert die Kinder. Die Eltern fühlen sich für den Schmerz der Kinder verantwortlich. Zudem spiegelt das Verhalten der Kinder oftmals das Verhalten ihrer Eltern. In den meisten Scheidungsfamilien nehmen die Konflikte zu.

6. **Der Mythos der Freiheit.** Eine Scheidung macht das Leben wesentlich komplizierter. Nur selten führt eine Scheidung dazu, dass die Partnerin oder der Partner einfach von der Bildfläche verschwindet. Kinder verbinden zwei Menschen für immer. Mit Kindern im Gepäck ist es oft auch schwieriger, eine neue Beziehung einzugehen.

7. **Wo sind all die Eltern geblieben?** Scheidungen haben negative Auswirkungen auf die Gesellschaft. Eltern in der Krise sind selten ehrenamtlich aktiv. Ichbezogene Entscheidungen zerstören die Gemeinschaft. Und ungelöste Konflikte werden oft an die nächste Generation weitergegeben

Wie diese 7 Kosten einer Scheidung aussehen, belegt Lorie Fowlke nicht nur mit Beispielen aus ihrer beruflichen Praxis als Scheidungsanwältin, sondern auch mit wissenschaftlichen Studien. Sie schreibt:

> *Die Vorstellung, dass eine Scheidung unglücklich Verheiratete glücklicher macht, ist ein Mythos. Das bestätigen auch die Erkenntnisse von Wissenschaftlern der University of Chicago. Sie haben nachgewiesen, dass unglücklich Verheiratete fünf Jahre nach ihrer Scheidung nicht glücklicher waren als unglücklich Verheiratete, die zusammengeblieben sind. Eine Studie des Institute for American Values kommt zu einem ähnlichen Ergebnis: Zwei Drittel der unglücklich Verheirateten, die zusammengeblieben sind, sagten fünf Jahre später, dass ihre Ehe mittlerweile glücklich sei. Von denen, die ihre Ehen zuvor als sehr unglücklich beschrieben hatten, gaben fünf Jahre später sogar 80 Prozent an, glücklich verheiratet zu sein.*
>
> *Das bemerkenswerteste Ergebnis der Studie bezieht sich jedoch auf die Chance unglücklicher Paare, fünf Jahre später glücklich zu sein. Bei Paaren, die zusammengeblieben sind, betrug diese Chance sage und schreibe 64 Prozent! Dagegen waren nur 19 Prozent der Partner, die sich scheiden ließen und eine neue Beziehung eingingen, glücklich!*

Deshalb appelliert Lorie Fowlke eindringlich an die Leserinnen und Leser ihres Buchs:

> *Werden Sie am Ende, nach all dem Schmerz, den es für Ihre Kinder, Ihre Familie und Ihr Umfeld gebracht hat, zu dem Schluss kommen, dass es die Sache wert gewesen ist? Wenn Sie noch immer fest davon überzeugt sind, gehören Sie vielleicht zu den wenigen, die den Weg der Scheidung gehen sollten. Aber was ist, wenn Sie unsicher sind? Wenn Sie zögern und denken, die Scheidung könnte sich womöglich als verheerender Einschnitt erweisen, der Ihnen nicht die erhoffte Freude und Erleichterung bringt? Dann sollten Sie noch einmal genau nachdenken, ob eine Scheidung tatsächlich das Richtige für Sie ist.*

STEPHEN R. COVEY

»UM ZERBROCHENE BEZIEHUNGEN
ZU HEILEN, MÜSSEN WIR ZUERST
UNSER EIGENES HERZ ERFORSCHEN.
NUR SO KÖNNEN WIR UNSERE EIGENEN
VERSÄUMNISSE AUFDECKEN UND ERKENNEN,
WAS WIR SELBST ZU VERANTWORTEN
HABEN.«

4. Weg: Win-Win-Denken

Machen Sie das Beste für alle möglich

Vielen ist klar: Das Härteste am Zusammenziehen, Heiraten oder Kinderkriegen ist, dass es unser gesamtes Leben verändert. Wir können uns nicht länger nur auf uns selbst konzentrieren. Wir müssen Opfer bringen. Wir müssen uns Gedanken über andere machen. Wir müssen uns fragen, wie wir ihren Bedürfnissen gerecht werden und sie glücklich machen können.

Und das stimmt. Aber wenn wir einander wirklich lieben und mit unserem »Wir« ein gemeinsames Ziel verfolgen, ist das kein Opfer. Dann geben wir etwas Kleines zugunsten von etwas Großem auf. Dieser Wechsel vom »Ich« zum »Wir« ist genau der Punkt, an dem Beziehung und Familie beginnt.

Allen das Beste zu wünschen und bereit zu sein, dieses Beste für alle möglich zu machen, das ist wahres *Win-Win-Denken*.

Viele Beziehungen, die einst voller Liebe und Romantik begannen, enden in Streit und Bitterkeit. Doch im Grunde genommen haben sich die beiden Partner gar nicht so sehr verändert. Sie haben es nicht geschafft, den Schritt vom »Ich« zum »Wir« erfolgreich zu meistern. Wenn Sie jedoch eine Win-Win-Mentalität an den Tag legen, werden die gemeinsamen Aufgaben, Zuständigkeiten und Verpflichtungen Sie und Ihren Partner fest miteinander zusammenschweißen.

Das Prinzip hinter dem 4. Weg und dem Win-Win-Denken ist folgendes: *Was meinem Partner wichtig ist, muss mir genauso wichtig sein, wie der andere mir wichtig ist.* Unser Herz sagt dann: »Meine Liebe für dich ist so groß, dass es sich für mich nicht gut anfühlen würde, wenn ich bekäme, was ich will, ohne dass du dabei auch glücklich bist.«

Vielleicht denken Sie jetzt: »Wenn ich das tue, dann gebe ich klein bei und kapituliere.« Das glaube ich nicht! Wir verlagern lediglich unseren emotionalen Fokus. Wir lenken unseren Blick von einer weniger wichtigen auf eine wesentlich wichtigere Frage. Wir stellen die Person, die wir lieben, und die Qualität unserer Beziehung in den Mittelpunkt. Von außen betrachtet mag das wie eine Verlust-Gewinn-Beziehung aussehen. Doch in Wahrheit ist es Win-Win-Denken.

Und was ist, wenn es um eine Sache geht, die beiden Partnern sehr wichtig ist? Hier kommt es darauf an, Synergien zu schaffen. Gemeinsam sollten Sie einen Weg finden, der für Sie beide ein Gewinn ist. Denn Win-Win-Denken ist in Wahrheit die einzig sichere Basis für starke, glückliche Beziehungen.

Doch woher bekommen wir die Motivation und die Entschlossenheit, um uns jedes Mal für Gewinn-Gewinn zu entscheiden? Der Schlüssel dazu ist, dass wir einander als Menschen sehen, die sich kontinuierlich verändern, sich weiterentwickeln und in guter Absicht handeln. Und noch eines ist entscheidend für das Win-Win-Denken: Wir sollten dem 2. Weg folgen und unser Ziel – das Ende im Sinn – im Blick behalten.

5. Weg: Erst verstehen, dann verstanden werden

Hören Sie anderen einfühlsam zu

Nur wenige Menschen haben ein Seminar besucht, um zu lernen, wie man anderen richtig zuhört. Ich frage meine Zuhörer jedes Mal: »Wer von Ihnen hatte schon mal Unterricht im Zuhören?« Nur ein kleiner Bruchteil meldet sich dann. Diese Leute frage ich: »Was machen Sie beruflich?« Meist sind es Lehrer, Coaches oder Therapeuten.

Als Sandra und ich für ein Forschungssemester auf Hawaii lebten, hatte ich auf einer unserer täglichen Ausfahrten mit unserer Honda 90 ein tief bewegendes, sehr emotionales Erlebnis:

Sandras Vater war kurz zuvor gestorben und wir sprachen darüber. Wir redeten auch über viele andere Themen. Eine Sache, die unsere Beziehung wirklich belastete, war Sandras extrem große Vorliebe für Haushaltsgeräte von Frigidaire. In meinen Augen war sie davon regelrecht besessen. Geräte anderer Firmen zu kaufen, kam nicht in Frage für sie. Mir erschien das widersinnig. Ich kaufte sogar Verbrauchermagazine, in denen die verschiedenen Marken analysiert wurden. Obwohl Frigidaire hier keine herausragenden Bewertungen bekam, ließ Sandra sich nicht von ihrer Meinung abbringen. Sie wollte partout nur Frigidaire.

Auf unserer Ausfahrt schilderte Sandra, was es mit ihrer Vorliebe für Frigidaire tatsächlich auf sich hatte. Sandras Vater hatte als Lehrer an einer High School gearbeitet. Weil das Geld nicht reichte, eröffnete er zusätzlich noch ein Geschäft für Haushaltswaren. Er hatte auch viele Geräte von Frigidaire im Angebot. Wenn er spätabends nach einem anstrengenden Tag an der High School und im Laden nach Hause kam, legte er sich erschöpft auf die Couch. Sandra massierte ihm dann die Füße und sang ihm etwas vor. Während der gemeinsamen Abende erzählte Sandras Vater oft von seinen geschäftlichen Sorgen. Immer wieder betonte er, wie dankbar er Frigidaire war. Als sein Laden sehr schlecht lief, hatte Frigidaire seine Lagerbestände finanziert, so dass er diese schlimme Zeit durchstehen konnte. Aus Sandras Worten konnte ich spüren, wie sehr sie das berührte und wie nahe sie den Tränen war.

Ich erkannte, wie sehr diese Geschichte Sandra geprägt hatte. Mir wurde klar, wie wichtig Frigidaire für ihren Vater gewesen war und wie wichtig ihr Vater für Sandra gewesen war. Das war der Moment, in dem ich begriff, wie wenig fürsorglich und einfühlsam ich gewesen war. Ich hatte mich nicht bemüht, Sandra wirklich zu verstehen!

Achten Sie nicht nur auf die Worte, sondern auch auf die Gefühle

Dieses Erlebnis hat mir die Augen geöffnet. Ich lernte, wirklich zuzuhören. Ich lernte, nicht nur auf die *Worte* der anderen Person zu hören, sondern auf die *Gefühle*, die hinter dem Gesagten stehen. Mir wurde bewusst: Hinter den Worten verbirgt sich ein ganzes Leben.

Das war eine eindrückliche Erfahrung. Sie zeigte mir: Ohne wirkliches Verstehen gibt es keine tiefen, liebevollen Beziehungen. Ja, sie können funktionieren. Doch wirklich erfüllend können sie nur sein, wenn sie auf der Grundlage echten Verstehens aufgebaut sind. Die Basis dazu legt der 5. Weg: *Erst verstehen, dann verstanden werden.*

6. Weg: Synergien schaffen

Entwickeln Sie eine 3. Alternative

Der 6. Weg lautet: *Synergien schaffen.* Aber was heißt das genau? Synergie bedeutet, dass wir gemeinsam mit einem anderen eine 3. Alternative finden. Diese 3. Alternative ist besser als alles, was jeder Einzelne von uns alleine je zustande gebracht hätte. Bei einem Kompromiss gilt: 1 + 1 = 1,5. Synergie dagegen ist weitaus mehr. Hier lautetet die Formel: *1 + 1 = 3 oder 10 oder 100 oder 1000!*

Synergie knüpft ein enges Band zur anderen Person, weil wir die Lösung gemeinsam gefunden haben. Sie macht uns gleichsam immun gegen Schwierigkeiten oder Konflikte. Sobald wir gelernt haben, wie wir Synergie schaffen können, um ein bestimmtes Hindernis aus dem Weg zu räumen, können wir diese Fähigkeit bei der Lösung von allen anderen Problemen erfolgreich einsetzen.

Synergie ist die Grundlage jeder Beziehung und jeder Familie. Haben Sie Kinder? Dann ist es wichtig, dass Sie ihnen Synergie vorleben. Nur so werden Ihre Kinder in die Lage versetzt, gemeinsam mit anderen 3. Alternativen zu entwickeln, die besser sind als alles, was ihnen oder den anderen allein eingefallen wäre. Das ist etwas vollkommen Neues – etwas, was komplett außerhalb unserer herkömmlichen Denkweise liegt.

Eine 3. Alternative kann man nur gemeinsam finden

Das bedeutet aber auch, dass wir verletzlich sind – dass wir offen sind. Und zutiefst einfühlsam. Wenn wir Verletzlichkeit mit Einfühlungsvermögen kombinieren, verändert sich die gesamte Dynamik einer Beziehung, die gesamte Energie. An die Stelle von Konkurrenzdenken, Abwehrverhalten und Abgrenzung treten Teamgeist, Kreativität und Offenheit. Dann haben wir eine *Überfluss-Mentalität.* Wir wissen, dass wir allein nicht alle richtigen Antworten kennen. Deswegen schätzen wir die Unterschiede zwischen uns. Jeder bringt seine eigene Geschichte, seine Stärken, sein Wissen, seinen Erfahrungsschatz und seine Kreativität mit ein. Indem wir auf diese Unterschiede achten und sie nutzen, können wir gemeinsam 3. Alternativen entwickeln. Das sorgt für eine enge Bindung zum anderen. Es entsteht eine völlig neue Lösung. Diese Lösung vereint uns. Unsere Beziehung wird gestärkt. Das ist der 6. Weg: *Synergien schaffen* und gemeinsam eine 3. Alternative entwickeln.

7. Weg: Die Säge schärfen

Seien Sie achtsam und sorgen Sie regelmäßig für Erneuerung

Die Säge schärfen: Der 7. Weg steht für das Versprechen, alles für die physische, mentale, emotionale und seelische Gesundheit unserer Partnerschaft, unserer Familie und natürlich auch unserer eigenen Person zu geben.

Gemeinsam die Säge schärfen

Sandra und ich genießen es, gemeinsam Sport zu machen, Fahrrad zu fahren und schwimmen zu gehen. Es ist überaus erfüllend, Dinge zusammen zu unternehmen, die uns beide auf Trab halten und uns zudem auch noch Freude bereiten. So schärfen wir nicht nur *physisch* unsere Säge, sondern stärken auch unsere Beziehung.

Wir beide lesen sehr viel. Allerdings bevorzugt Sandra ganz andere Dinge wie ich. Sie liebt Belletristik und politische Bücher; ich mag Fach- und Sachbücher. Wir erzählen uns gegenseitig, was wir besonders wichtig und interessant an den Büchern finden, die wir gelesen haben. So schärfen wir gemeinsam unsere Säge auf der *mentalen* Ebene.

Wir haben auch gelernt, tiefgreifende Gespräche zu führen und uns gemeinsam weiterzubilden, indem wir Vorträge, Kurse und Seminare besuchen. Auch das ist eine wunderbare Möglichkeit, *mental* die Säge zu schärfen. Sandra begeistert sich für bildende Kunst; ich interessiere mich für Schreibprojekte. Indem wir die Unterschiede zwischen uns schätzen, profitieren wir beide von aus unseren unterschiedlichen Aktivitäten und Interessen.

Was die *seelische* Ebene betrifft, so beten und meditieren wir gemeinsam und überlegen zusammen, welche spirituelle Literatur wir lesen wollen. Das ermöglicht nicht nur eine Kommunikation zwischen uns beiden, sondern auch im Dreieck zwischen uns und unserem Schöpfer.

Zwischenmenschlich und *emotional* schärfen wir die Säge, indem wir mit unseren Kindern und Enkeln zusammen sind und Zeit mit unseren liebsten Freunden verbringen. Häufig müssen wir nein zu vielen anderen Dingen sagen, die an unsere Tür klopfen. Doch das machen wir gerne. Denn wir wissen, wie wichtig es für uns, unsere Beziehung und unsere Familie ist, die Säge sorgfältig zu schärfen.

TEIL II

So setzen Sie die 7 Wege in Ihrer Beziehung um

Jetzt möchte Ihnen zwei meiner besten Freunde vorstellen: John und Jane Covey. Mein über alles geliebter Bruder John ist der Mensch, den ich länger kenne als jeden anderen. John und seine Frau Jane haben es sich zur Lebensaufgabe gemacht, anderen zu zeigen, wie sie mit Hilfe der 7 Wege ein glückliches und erfülltes Privat- und Familienleben führen können.

Hallo, hier ist John. Die folgenden Kapitel in diesem Buch habe ich zusammen mit meiner Frau Jane verfasst. Gemeinsam wollen wir Ihnen zeigen, wie Sie mit den berühmten 7 Wegen Ihre Beziehungen, Ihre Partnerschaft und Ihr Familienleben maßgeblich verbessern können. Natürlich kommen auch mein Bruder Stephen und seine Frau Sandra immer wieder zu Wort.

Jede Partnerschaft und jede Ehe ist anders. Wir wissen, dass manche von Ihnen sich ernsthaft fragen, ob sie überhaupt für eine Beziehung geschaffen sind. Andere tragen sich mit der konkreten Entscheidung für oder gegen eine mögliche Ehe oder Partnerschaft. Wieder andere sind Teil einer Patchwork-Familie – mit allen Herausforderungen, die so eine Konstellation mit sich bringt. Und manche haben in ihrer Beziehung das wahre Glück noch nicht gefunden und fragen sich, was sie anders und besser machen können.

In welcher Situation auch immer Sie gerade sind: Wir sind sicher, die universellen, zeitlosen Prinzipien aus den 7 Wegen werden Ihnen dabei helfen, Ihre Beziehung stärker, stabiler und glücklicher zu machen.

ÜBUNG

Der 21-Tage-Test

Hier ist gleich eine Aufgabe für Sie: Entscheiden Sie sich für einen der 7 Wege und setzen Sie ihn 21 Tage lang konsequent im Alltag um. Tun Sie das wirklich jeden Tag – ohne Ausnahme. Sie werden sehen: In diesen 21 Tagen wird Ihr Leben und das Leben Ihrer Partnerin oder Ihres Partners ein gutes Stück glücklicher.

Die 4 Grundlagen einer glücklichen Beziehung

Glückliche Beziehungen beruhen im Wesentlichen auf den folgenden 4 Grundlagen:

- Charakter
- Einsatz und Hingabe
- Kommunikation
- Achtsamkeit

Die 7 Wege helfen Ihnen, diese 4 Grundlagen in Ihrer Ehe oder Partnerschaft zu leben.

- Die Wege 1 bis 3 stärken Ihren *Charakter* und ermöglichen es Ihnen, eine Beziehung mit *Einsatz* und *Hingabe* zu führen.
- Die Wege 4 bis 6 schaffen die Voraussetzungen für eine gute, offene und einfühlsame *Kommunikation*.
- Der 7. Weg führt Sie zur *Achtsamkeit* und ermöglicht es Ihnen, Ihre Beziehung frisch und lebendig zu halten.

Charakter, Einsatz und Hingabe

Lassen Sie uns zunächst klären, was wir unter Charakter, Einsatz und Hingabe verstehen. Insbesondere Einsatz und Hingabe stehen für eine völlig *neue Form des Denkens*. Sie unterscheidet sich deutlich von unserem Denken als Single oder als Heranwachsender.

Die meisten Menschen gehen mit einer falschen Denkweise in die

Partnerschaft. Sie stellen sich ihre Beziehung als wunderschöne *Schatztruhe* vor. Diese Truhe ist mit all den Dingen gefüllt, die sie sich schon immer erträumt haben: Wir-Gefühl, Romantik, Nähe, Freundschaft, Kinder ... Sie sind überzeugt, dass das Glück nie mehr von ihrer Seite weichen wird. Das entspricht leider nicht der Realität. Denn die Truhe ist zu Beginn einer Beziehung leer. Bevor wir etwas herausnehmen können, müssen wir die Truhe zuerst füllen. Die Liebe ist in uns. Doch wir müssen sie bewusst in die Partnerschaft einbringen und in unsere Schatztruhe legen. Eine Beziehung ist nicht von allein romantisch. Die Romantik wird erst von den Partnern eingebracht. Beide Partner müssen die Kunst des Liebens, des Gebens und des Dienens erst lernen. Sie sollten es sich zur Gewohnheit machen, sich gegenseitig zu unterstützen, zu ermutigen und zu bestärken, so dass die Truhe immer gut gefüllt ist. Und selbst wenn die Truhe randvoll ist, sollten sie gut darauf achten, dass sie immer mehr hineinlegen als herausnehmen. Ist das nicht der Fall, wird schon bald nichts mehr in der Truhe sein.

In guten wie in schlechten Zeiten ...

JANE: Glückliche Beziehungen setzen Einsatz und Hingabe in guten wie in schlechten Zeiten voraus. Das erfordert Charakterstärke. Wie Sie diese Charakterstärke erlangen? Indem Sie die Wege 1 bis 3 beherzigen.

Um Ihnen das zu veranschaulichen, möchte ich Ihnen eine kleine Geschichte erzählen. Ich habe sie im Buch *Die intakte Familie – wie wir lernen, wieder miteinander zu reden* von Mary Pipher gelesen. In dieser Geschichte geht es um Liebe. Sie handelt von einem Ehepaar. Die beiden waren in eine Gefahrensituation geraten und haben ihr Überleben ihrem Einsatz und ihrer Hingabe füreinander zu verdanken:

> *Ein Paar kam mit seinen beiden Kindern beim Bergwandern an einen Wasserfall. Plötzlich rutschte die Mutter aus. Vor den Augen ihres Mannes und der Kinder fiel sie in den reißenden Fluss. Irgendwie schaffte sie es, sich zwischen zwei Felsen festzukrallen. Nur so konnte sie verhindern, dass die Fluten sie über die Kante des Wasserfalls in die Tiefe rissen. Gemeinsam mit anderen Wanderern versuchte der verzweifelte Mann, eine Menschenkette zu bilden, um seine Frau zu retten. Doch die Strömung war zu stark.*

Schließlich band sich der Mann eine dünne Nylonschnur um die Taille. Er bat die anderen Wanderer, ihn zu sichern. Er wollte durch das eiskalte Wasser zu seiner Frau waten. Doch schon nach wenigen Metern riss die Schnur. Der Mann wurde zu der Stelle gespült, an der seine Frau zwischen den Felsen um ihr Leben kämpfte. Jetzt klammerten sich beide kurz vor der Kante des Wasserfalls an die Felsen. Der Mann hielt seine Frau in den Armen, um die größte Wucht der Strömung abzufangen. Doch nach 40 Minuten schwanden seine Kräfte. Seine Frau redete ruhig auf ihn ein und half ihm so, bei Bewusstsein zu bleiben. Schließlich wurden die beiden von Rangern gerettet. Den schockierten Kindern am Flussufer sagten die Ranger: »Euer Vater ist ein Held. Er hat eurer Mutter das Leben gerettet!«

Für mich ist das eine Geschichte über die Liebe. Der Mann macht, was liebende Partner im Krisenfall füreinander tun: Lediglich gesichert mit einer dünnen Nylonschnur watet er oberhalb eines gefährlichen Wasserfalls durch die eiskalten Fluten, um seine Frau zu retten. Und auch sie macht, was liebende Partner tun: Als ihren Mann die Kraft und die Hoffnung verlassen und er kurz davor ist, sich dem Schicksal zu ergeben, redet sie ihm gut zu und gibt ihm Mut und Zuversicht.

So sieht Liebe in einer Beziehung aus: Ohne Zögern setzt der Mann sein Leben aufs Spiel, um seine Frau vor dem Tod zu bewahren. Anschließend ist es ihre innere Stärke, die ihn rettet.

Mitunter streiten wir, sind unterschiedlicher Meinung oder werfen uns unschöne Dinge an den Kopf. Aber wenn es darauf ankommt, sind wir für den anderen da. Wir tun alles, um ihn zu retten – und sei es unter Einsatz unseres eigenen Lebens!

Auch Sie können es schaffen!

In diesem Buch geht es um *Hoffnung*. Es geht darum, wie zwei Menschen mit allen ihren Fehlern und Schwächen und mit ihren unterschiedlichen Ansichten zusammenkommen können, um im entscheidenden Moment bereit zu sein, sich in die eiskalte, reißende Strömung zu stürzen und den Partner zu retten.

JOHN: Auf den folgenden Seiten werden wir Ihnen wichtige Werkzeuge an die Hand geben, die Ihnen helfen, im Strudel Ihrer Beziehung und Ihres Familienlebens nicht den Halt zu verlieren. Mit ein paar Notnägeln ist es hier nicht getan. Vielmehr ist es wichtig, dass Sie eine völlig neue Vorstellung von sich, Ihrem Partner und Ihrer Beziehung gewinnen. Das erfordert ein hohes Maß an Einsatz und Hingabe. Der Schlüssel dazu sind die »7 Wege«. Die 7 Wege lassen sich einüben und erlernen. Das haben schon unzählige Paare auf der ganzen Welt bewiesen. Auch Sie können es schaffen!

Zuerst aber müssen Sie eine *Entscheidung* treffen. Sie müssen entscheiden, ob Ihre Beziehung Ihnen so sehr am Herzen liegt, dass Sie bereit sind, füreinander in den eiskalten, reißenden Fluss zu steigen. Diese Bereitschaft werden Sie nur aufbringen, wenn Sie zuvor einige grundlegende Änderungen auf sich nehmen. Und diese Änderungen beginnen bei Ihnen selbst.

Was zeichnet eine glückliche Beziehung aus?

Entscheidend für eine glückliche Beziehung sind die Verhaltensgewohnheiten beider Partner. Sie entscheiden, welche Kultur in einer Beziehung herrscht. Zur Veranschaulichung finden Sie in der folgenden Tabelle zwei extreme Beispiele für Beziehungskulturen:

Beziehungskultur Nr. 1	**Beziehungskultur Nr. 2**
Reaktiv sein: Seinen Launen freien Lauf lassen. Die Schuld beim anderen suchen.	*Pro-aktiv sein:* Ruhig bleiben. Zu den eigenen Schwächen und Fehlern stehen.
Am Anfang nichts im Sinn haben: Keine Pläne schmieden und sich keine Ziele setzen.	*Schon am Anfang das Ende im Sinn haben:* Wissen, wohin die gemeinsame Reise gehen soll.
Nicht zwischen Wichtigem und Unwichtigem unterscheiden: Keine Zeit füreinander haben.	*Das Wichtigste zuerst tun:* Sich füreinander Zeit nehmen.
Gewinn-Verlust-Denken: Sich in Konkurrenz zum anderen sehen und nur auf seinen eigenen Vorteil aus sein.	*Gewinn-Gewinn-Denken:* Darauf achten, dass die Beziehung für beide ein Gewinn ist.

Nur verstanden werden wollen: Unaufmerksam und oberflächlich zuhören. Dem anderen ins Wort fallen.	*Erst verstehen, dann verstanden werden:* Einfühlsam zuhören, um den anderen wirklich zu verstehen.
Den Besserwisser spielen: Sich an den Schwächen des anderen abarbeiten.	*Synergien schaffen:* Die Stärken des anderen anerkennen und schätzen.
Ein unausgeglichenes Leben führen: Keine Lernbereitschaft zeigen, rund um die Uhr arbeiten und keine Zeit für sich und den Partner haben.	*Die Säge schärfen:* Immer wieder Neues lernen, sich Auszeiten gönnen, um gemeinsam mit dem Partner schöne Dinge zu erleben.

Die 7 Effektivitätsprinzipien

Die 7 Wege basieren auf den Effektivitätsprinzipien des menschlichen Lebens. Diese Prinzipien sind *zeitlos* und *universell*. Das heißt: Sie gelten quer durch alle Kulturen und für jede Form von Beziehung.

Weg	Effektivitätsprinzipien
1. Weg	Absicht, Verantwortung und Initiative
2. Weg	Vision, Ziele, Sinn und Werte
3. Weg	Fokus, Prioritäten, Disziplin und Integrität
4. Weg	Mut, Rücksicht und gemeinsamer Vorteil
5. Weg	Wechselseitiges Verstehen, Einfühlungsvermögen und Vertrauen
6. Weg	Kreativität, Kooperation, Vielfalt und Demut
7. Weg	Erneuerung, kontinuierliche Verbesserung und Ausgeglichenheit

1. Weg: Pro-aktiv sein

Positive Veränderungen in der Beziehung anstoßen

Beginnen wir mit dem 1. Weg: Pro-aktiv sein: Welche Charaktereigenschaften geben uns die Fähigkeit, uns bewusst pro-aktiv zu verhalten? Was braucht es, um zu *agieren* und nicht nur zu *reagieren*?

JANE: Hier ist ein Bild, um Ihnen den Unterschied zwischen pro-aktiv und reaktiv zu veranschaulichen. Stellen Sie ich vor, ich halte zwei Flaschen in meinen Händen: Rechts habe ich eine Flasche mit kohlensäurehaltigem Wasser und links eine Flasche mit stillem Wasser. Jetzt schüttele ich beide Flaschen. Was passiert dann? Die Flasche mit dem kohlensäurehaltigen Wasser ist voller Schaum und Blasen. In der rechten Flasche dreht sich das Wasser bestenfalls ein wenig im Kreis. Ansonsten bleibt es so gut wie unverändert.

Stellen Sie sich jetzt vor, dass diese Flaschen für zwei Menschen stehen, die in ihren Autos nebeneinander auf einer mehrspurigen Straße fahren. Plötzlich schwenkt das Auto vor ihnen quer über alle Fahrspuren. Die beiden anderen Fahrer sind gezwungen, mit voller Wucht in die Bremsen zu treten.

Was ist mit dem Fahrer, der für die kohlensäurehaltige Flasche steht? Wie wird er sich im nächsten Augenblick verhalten? Wahrscheinlich wird er »explodieren«. Warum? Weil er reaktiv und nicht pro-aktiv ist. Er erlaubt seinen Gefühlen, sein Verhalten zu bestimmen. Doch so hat er nicht die Möglichkeit, kurz innezuhalten und sich bewusst für das eine oder das andere Verhalten zu entscheiden.

Und was ist mit dem Fahrer, der durch die Flasche mit dem stillen Wasser repräsentiert wird? Wie wird er sich verhalten? Vermutlich wird er den ersten Schreck abschütteln, sich sammeln und zur Tagesordnung übergehen. Warum? Weil er pro-aktiv ist.

Was unterscheidet den reaktiven vom pro-aktiven Menschen?

Der reaktive Mensch handelt allein aufgrund der äußeren Reize. Er *reagiert reflexartig*, ohne sich die Konsequenzen seines Handelns bewusst zu machen. Der pro-aktive Mensch dagegen hält inne. Er denkt nach und *entscheidet sich bewusst* für ein Verhalten, das im Einklang mit seinen Zielen und Werten steht. Er sagt: Ich »re«-agiere nicht einfach auf das, was andere sagen oder machen. Ich habe es selbst in der Hand, was ich denke, was ich fühle und was ich tue. Ich lasse mich von dem, was irgendein anderer tut oder lässt, nicht aus der Ruhe bringen. Ich ziehe mir den Opferschuh nicht an.

◗ EXKURS: In Beziehungen geht es darum, seine Partnerin oder seinen Partner glücklich zu machen. Es geht nicht darum, sie oder ihn besser zu machen. Aber wie gelingt das? Wie machen Sie den anderen glücklich und nicht besser?

STEPHEN: Wir alle gehen in eine Beziehung mit unseren eigenen Vorstellungen, wie wir sein wollen. Natürlich haben wir auch Erwartungen an unseren Partner. Aber es wäre ein großer Fehler, dem Partner die eigenen Erwartungen einfach überzustülpen. Was geschieht, wenn wir einen geliebten Menschen nur darauf reduzieren, wie er unserer Meinung nach sein sollte? Dann behandeln wir ihn wie einen seelenlosen Gegenstand. Aber Menschen sind keine Dinge. Dostojewski sagte: »Jemanden zu lieben, bedeutet, ihn so zu sehen, wie Gott ihn haben wollte!«

Es geht nicht darum, wie wir den anderen haben wollen. Liebe ist nicht nur ein Gefühl für jemanden. Liebe ist die Bereitschaft, den anderen als eigenständiges Wesen anzuerkennen. Dazu gehört auch, dass wir Unterschiede nicht nur tolerieren, sondern geradezu feiern. Feiern heißt, sich über die Unterschiede zu freuen und von den verschiedenen Talenten und Fähigkeiten zu profitieren.

Abweichende Interessen, einzigartige Gaben und einmalige Persönlichkeiten: Genau das macht das Leben und die Liebe so spannend und so schön. Entscheidend ist, dass wir die geliebte Person als unvergleichlichen Schatz und ihr Anderssein als wertvolles Geschenk begreifen. Wie Steven Stosny sagt: »Mitgefühl macht uns empfänglich für die

Individualität und die Verletzlichkeit der Menschen, die wir lieben. Es hilft uns zu erkennen, dass unser Partner anders ist als wir selbst, dass er andere Erfahrungen gemacht hat, ein anderes Temperament besitzt, anders verletzlich ist und bis zu einem gewissem Grad auch andere Werte vertritt.« Gleichsein bedeutet nicht Einssein und Uniformität nicht Einheit. Die Partnerschaft ist der Inbegriff des komplementären Teams, das sich gegenseitig mit seinen jeweiligen Stärken ergänzt. Hier werden zwei Menschen, die unterschiedliche Ansichten, Fähigkeiten und Talente mitbringen, eine Einheit. Der Schlüssel dazu sind die Liebe füreinander und die gegenseitige Wertschätzung.

Bitte versuchen Sie nicht, Ihren Partner besser zu machen. Versuchen Sie, ihn glücklich zu machen! Viele wünschen sich einen Partner, der ihnen ähnlich ist. Sie verhalten sich so, als ob ihre Art die bessere wäre. Aus meiner eigenen Erfahrung weiß ich: Das funktioniert nicht! Es missachtet die einzigartigen Gaben, die der andere in die Beziehung einbringt. Versuchen Sie nicht, aus der anderen Person Ihr Ebenbild zu machen. Schätzen Sie und nutzen Sie die Unterschiede. Fokussieren Sie sich darauf, Ihre Partnerin oder Ihren Partner glücklich zu machen. Das kann wahre Wunder bewirken. Hier eine kurze Geschichte, was alles möglich ist:

> *Eine Frau beschloss, sich von ihrem Mann scheiden zu lassen. Er war Alkoholiker. Jetzt, wo die drei gemeinsamen Kinder groß waren, wollte sie das Leben an der Seite eines Alkoholkranken nicht länger erdulden.*
>
> *Auch ihr habe ich gesagt: »Versuchen Sie nicht, Ihren Mann besser zu machen. Versuchen Sie nicht, ihn zu ändern. Seien Sie ein Licht und keine Richterin. Probieren Sie es 30 Tage lang aus!«*
>
> *30 Tage später war er bereits seit zwei Wochen trocken. Die beiden waren glücklicher und fühlten sich einander näher als je zuvor.*
>
> *Ich fragte nach, was geschehen war.*
>
> *Sie meinte: »Anfangs musste ich mich überwinden, aufmerksam und freundlich zu meinem Mann zu sein. Aber allmählich wurde es zur Gewohnheit und es machte mir sogar Freude.«*
>
> *Und er sagte: »Zunächst fand ich es seltsam. Doch mir gefiel die nette, freundliche Art meiner Frau von Tag zu Tag besser. Nach rund zwei Wochen begann ich mich zu fragen, was mir wirklich wichtig ist: unsere Ehe oder der Alkohol?«*

Es war faszinierend zu sehen, wie die Ehe der beiden buchstäblich geheilt wurde. Und das nur, weil die Frau beschloss, ein Licht zu sein – jemand, der gibt und freundlich ist und sich nicht zur Richterin aufspielt.

Pro-aktive Menschen handeln nicht im Sturm der Gefühle

Reaktive Menschen haben keine Pausentaste. Sie reagieren spontan und aufbrausend. Pro-aktive Menschen hingegen *drücken die Pausentaste*. Sie handeln nicht im Sturm der Gefühle. Sie bringen ihre Emotionen unter Kontrolle. Sie tun etwas, um sich abzulenken. Sie denken beispielsweise an etwas anderes, gehen eine Runde um den Block oder hören ihre Lieblingsmusik. Bevor sie handeln, vergegenwärtigen sie sich die Folgen ihrer Reaktion. Anschließend treffen sie ihre Entscheidung auf der Grundlage ihrer Werte und Ziele. Lassen Sie mich das bitte anhand der folgenden Geschichte verdeutlichen:

Jane und ich waren bereits einige Zeit verheiratet. Da bemerkte ich, dass ich immer öfter genervt war, wenn ich von der Arbeit nach Hause kam. Eines Abends platzte es aus mir heraus. Ich öffnete die Tür und rief: »Meine Güte, wie sieht es hier denn schon wieder aus. Was für eine Unordnung! Was macht ihr eigentlich den ganzen Tag?«

Was, glauben Sie, welche Folgen dieser Auftritt hatte? Er verschreckte unsere Kinder und er verletzte Jane. Zudem schadete er unserer Beziehung und provozierte eine wütende Reaktion. Schnell wurde mir klar, dass ich überreagiert hatte. Ich hatte mich ohne nachzudenken von meinen Gefühlen mitreißen lassen.

Aber wie konnte ich das in Zukunft verhindern? Meine Lösung war, dass ich jeden Abend beim Nachhausekommen auf die Pausentaste drückte. Ich blieb einen Moment im Auto sitzen, hielt kurz inne und dachte: Alles, was ich liebe und was mir wichtig ist, ist in diesem Haus. Nur deshalb gehe ich Tag für Tag zur Arbeit. Dann stieg ich aus und lief zum Haus. Mit diesem neuen Denken, mit dieser pro-aktiven Einstellung, öffnete ich die Tür. Die Kinder kamen angerannt. Nachdem ich sie begrüßt hatte, ging ich zu Jane. Ich umarmte sie und sagte: »Schatz, wie geht es dir? Wie war dein Tag? Kann ich irgendwas für dich tun?«

Was wäre mit unserer Ehe passiert, wenn ich nicht pro-aktiv gewesen wäre? Wenn ich niemals gelernt hätte, meine negativen Gefühle in den Griff zu bekommen? Wenn ich nicht an die Folgen gedacht und einfach ausgesprochen hätte, was mir auf der Zunge lag? Der elementarste unter den 7 Wegen ist, pro-aktiv und nicht reaktiv zu sein. Die Früchte des Pro-Aktiv-Seins sind Respekt, gegenseitige Wertschätzung, Geduld, Vertrauen und eine lange, glückliche Beziehung!

STEPHEN R. COVEY

»REAKTIVE MENSCHEN
FÜHLEN SICH ALS OPFER,
DIE KEINERLEI KONTROLLE ÜBER
IHR LEBEN UND IHR SCHICKSAL HABEN.
SIE SUCHEN DIE SCHULD
AN IHRER SITUATION
NICHT BEI SICH SELBST,
SONDERN BEI ANDEREN LEUTEN,
DEN ÄUSSEREN UMSTÄNDEN ODER
SOGAR BEI DEN STERNEN.«

JANE: Manche Menschen glauben, sie hätten keine Kontrolle darüber, was mit ihnen geschieht. Sie sagen: »Alle aus unserer Familie haben ein überschäumendes Temperament. Das sind die Gene. Daran musst du dich gewöhnen. Das ist angeboren.« Oder: »Es liegt nur an meinem Mann, dass ich so eine Kratzbürste bin. Eigentlich bin ich ziemlich nett. Aber er treibt mich in den Wahnsinn. Ich kann nichts dafür. Das ist nicht meine Schuld!«

Natürlich werden wir alle von unseren Genen, unseren früheren Erfahrungen und unserem jetzigen Umfeld geprägt. Aber das legt uns nicht fest. Ich kann nichts an meiner Hautfarbe ändern oder daran, wer meine Eltern waren oder wie groß ich bin. Aber ich kann selbst bestimmen, wie ich darauf reagiere. Haben Sie Einfluss auf die Launen und Gefühle Ihres Partners? Nein! Aber Sie können entscheiden, wie Sie darauf reagieren.

Vor einiger Zeit hielten John und ich einen Vortrag. Wir sprachen über den 1. Weg und erklärten den Zuhörern, was es bedeutet, pro-aktiv zu sein und sich bewusst für eine Reaktion zu entscheiden. Da hob eine Teilnehmerin die Hand und meinte: »Ich bin eine notorische Schreierin. Wollen Sie damit sagen, dass ich nicht laut werden und schreien muss, wenn ich es nicht will?«

Die übrigen Anwesenden riefen: »Nein, nichts zwingt Sie dazu. Sie müssen nicht laut werden!«

Am nächsten Morgen fragte John die Teilnehmer: »Wer von Ihnen hat gestern Abend etwas getan, was er noch nie zuvor gemacht hat?«

Wieder meldete sich die Frau: »Als ich gestern Abend nach Hause kam, beschloss ich, nicht laut zu werden. Ich habe einen Mann, einen Stiefsohn und einen Zweijährigen zu Hause. Ständig schreie ich sie wegen irgendwas an. Gestern Abend habe ich das kein einziges Mal gemacht. Ich kann das also!« Die ganze Runde applaudierte!

◗ EXKURS: Was können zwei Personen tun, die jeweils bereits eine mehrjährige Partnerschaft hinter sich haben, um in ihrer neuen Beziehung ihre alten Fehler nicht zu wiederholen?

JOHN: Als Allerwichtigstes empfehle ich, dass Sie beide sich mit den 7 Wegen befassen. Lesen Sie die 7 Wege, studieren Sie sie. Die 7 Wege machen Sie mit einer neuen Denkweise vertraut – weg von der Reaktivität und hin zur Pro-Aktivität. Sie vermitteln Ihnen neue Fähigkeiten, so dass Sie lernen, erst zu verstehen und dann verstanden zu werden. Und Sie geben Ihnen und Ihrem Partner neue, effektive Werkzeuge an die Hand: Gemeinsam erstellen Sie ein Beziehungsleitbild, um festzulegen, worum es in Ihrer Beziehung wirklich geht und welche Ziele Sie gemeinsam erreichen wollen. Die 7 Wege helfen Ihnen, Unterschiede zu schätzen und 3. Alternativen zu entwickeln. Und dann ist da noch der 7. Weg: *Die Säge schärfen*. Er hilft Ihnen, achtsam zu sein und Ihre Beziehung frisch und lebendig zu halten.

Ich habe einen sehr guten Freund. Er ist Witwer und hat gerade zum zweiten Mal geheiratet. Ich fragte ihn: »Wie ist es? Wie fühlt es sich an, mit einer neuen Partnerin verheiratet zu sein?«

Er sagte: »Als wir uns kennenlernten, haben wir vereinbart, dass wir nicht versuchen, den anderen zu ändern. Wir wollen uns gegenseitig so akzeptieren, wie wir sind: Und: Wir werden alles dafür tun, den anderen glücklich zu machen. Das ist nicht immer einfach. Aber es funktioniert!«

JANE: Bei Patchwork-Familien ist der 2. Weg nach meiner Erfahrung besonders wichtig für den Erfolg. Erstellen Sie gemeinsam ein Leitbild. Denken Sie sich Familienrituale aus. Und: Sorgen Sie dafür, dass jeder mit jedem regelmäßig Zeit unter vier Augen verbringt. Das stärkt den Zusammenhalt und hilft Ihnen, die speziellen Herausforderungen einer Patchwork-Familie zu meistern.

»DER 1. WEG ZEIGT:
SIE SIND NICHT EINFACH
DER BEIFAHRER IN IHREM LEBEN.
SIE SITZEN AUF DEM FAHRERSITZ.
SIE HABEN ES SELBST IN DER HAND,
WAS SIE DENKEN,
SAGEN ODER TUN.«

STEPHEN R. COVE

Der 1. Weg in der Praxis

JOHN: Lassen Sie uns den 1. Weg jetzt gleich praktisch anwenden. Bevor es losgeht, kommt hier noch einmal eine kurze Definition von »pro-aktiv« und »reaktiv«:

- **»Pro-aktiv«: Wir entscheiden auf der Grundlage unserer Werte und Prioritäten, wie wir reagieren wollen.**
- **»Reaktiv«: Wir reagieren aus der Situation und unseren augenblicklichen Gefühlen heraus.**

Verinnerlichen Sie bitte Ihre neue pro-aktive Denkweise. Beantworten Sie dann die folgenden Fragen:

Welche pro-aktiven Verhaltensweisen, die Sie bisher schon an den Tag gelegt haben, möchten Sie in Ihrer Beziehung auch in Zukunft beibehalten?

Welche reaktiven Verhaltensweisen werden Sie künftig ablegen?

Was passiert, wenn Sie pro-aktiv und nicht reaktiv sind? Welche Entscheidungen werden Sie dann treffen, die Sie und andere glücklich machen?

____

____

____

Konzentrieren Sie sich auf Ihren Einflussbereich

Wenn Sie pro-aktiv sind, konzentrieren Sie sich auf das, was Sie beeinflussen können. Sie kümmern sich nicht weiter um das, was außerhalb Ihres Einflussbereichs liegt. Sie arbeiten von innen nach außen. Aber was können Sie überhaupt selbst beeinflussen?

Stellen Sie sich Ihr Leben als zwei Kreise vor. Der *Interessenbereich* ist ein großer Kreis. Ihr *Einflussbereich* ist ein kleinerer Kreis innerhalb des Interessenbereichs:

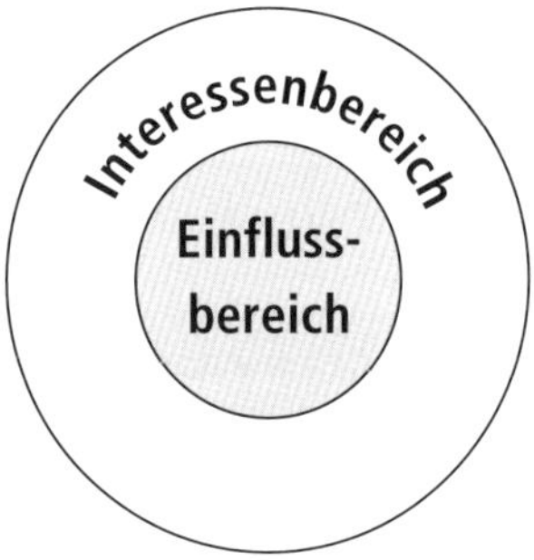

- *Interessenbereich:* Was uns im Leben beschäftigt und berührt, worauf wir aber keinen unmittelbaren Einfluss haben.
- *Einflussbereich:* Was wir im Leben direkt beeinflussen und verändern können. Das sind insbesondere wir selbst und Dinge, die unmittelbar mit unserem Verhalten zusammenhängen.

Welche Dinge in Ihrem Leben liegen in Ihrem Interessenbereich und welche in Ihrem Einflussbereich? Tragen Sie die entsprechenden Punkte in die folgende Tabelle ein:

Interessenbereich	**Einflussbereich**

ÜBUNG

Interessen- und Einflussbereich in Ihrer Beziehung

Beschreiben Sie kurz eine Situation in Ihrer Beziehung, die Sie beschäftigt und an die Sie häufig denken.

____

____

____

⇨

Welche Themen im Hinblick auf Ihre Beziehung beschäftigen Sie, auf die Sie keinen Einfluss haben?

___

___

___

Auf welche Dinge im Zusammenhang mit Ihrer Beziehung erstreckt sich Ihr Einfluss?

___

___

___

3 Schritte für pro-aktive Entscheidungen

Reagieren Sie nicht einfach reflexartig auf eine emotionale Situation. Nutzen Sie stattdessen Ihre Freiheit, sich bewusst zu entscheiden:

1. *Halten Sie inne:* Drücken Sie auf Ihre Pausentaste.
2. *Überlegen Sie:* Welche pro-aktiven Optionen habe ich und was wären die Folgen?
3. *Entscheiden Sie:* Wählen Sie die beste Option aus.

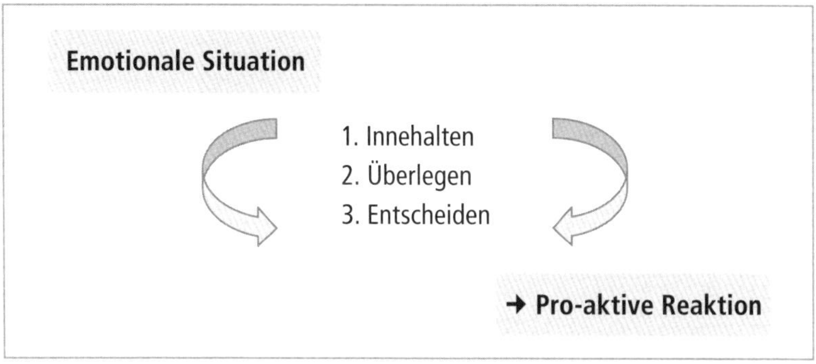

ÜBUNG

So treffen Sie pro-aktive Entscheidungen

Ihr Partner sagt etwas Gemeines oder Unfreundliches zu Ihnen. Sie sind aufgebracht. Wenden Sie die 3 Schritte für pro-aktive Entscheidungen an:

1. *Halten Sie inne:* Wenn das wieder passiert, was werden Sie tun, um die Pausentaste zu drücken – beispielsweise tief durchatmen, eine Runde um den Block gehen, Ihre Lieblingsmusik hören?

2. *Überlegen Sie:* Welche pro-aktiven Reaktionen liegen innerhalb Ihres Einflussbereichs?

3. *Entscheiden Sie:* Mit welcher dieser Reaktionen erzielen Sie das beste Ergebnis?

____

____

»BEZIEHUNGEN UND EHEN
GERATEN HIN UND WIEDER
AUS DEM LOT.
ENTSCHEIDEND IST, DASS WIR
EINE VORSTELLUNG VON UNSEREM
GEMEINSAMEN ZIEL HABEN
UND IMMER WIEDER DARAUF
ZURÜCKKOMMEN.«

STEPHEN R. COVEY

2. Weg: Schon am Anfang das Ende im Sinn haben

Wie soll Ihre Beziehung in Zukunft aussehen?

Pro-aktiv sein: Der 1. Weg lehrt uns, dass wir für uns, unser Denken, Fühlen und Handeln selbst verantwortlich sind. Wir sind nicht Opfer irgendwelcher Umstände, sondern der Gestalter unseres Lebens. Und weil das so ist, fragt der 2. Weg:

- Was ist Ihnen wichtig?
- Wofür stehen Sie?
- Für welche Werte treten Sie ein?

Diese Fragen helfen Ihnen, sich ein klares Bild von sich selbst, von Ihren Wertvorstellungen und Ihren Zielen zu machen. Weshalb das so wichtig ist?

JANE: Angenommen, Sie und Ihr Partner werden gebeten, gemeinsam ein Puzzle zu machen. Sie holen alle 1000 Teile aus der Schachtel und verteilen sie auf dem Tisch. Dann nehmen Sie den Deckel der Schachtel. Sie wollen sich das Bild, das es zusammenzusetzen gilt, ansehen. Aber da ist kein Bild. Der Deckel ist leer. Wie können Sie das Puzzle machen, wenn Sie nicht wissen, wie es am Ende aussehen soll? Es würde schon genügen, wenn Sie einen kurzen Blick auf das vollständige Bild erhaschen könnten. Doch ohne Bild? Das geht nicht. Sie wissen ja nicht einmal, wo Sie beginnen sollen!

Denken Sie jetzt an die Beziehung zu Ihrer Partnerin oder zu Ihrem Partner. Haben Sie ein »Ende im Sinn«? Gibt es ein klares Bild davon, wie Ihre Beziehung aussehen soll – in einem Jahr oder in fünf Jahren? Oder haben Sie keine Idee?

Wohin soll Ihre gemeinsame Reise gehen?

JOHN: Der 1. Weg besagt, dass Sie in Ihrem Leben das Steuer in der Hand halten. Sie sind der Fahrer und nicht der Beifahrer. Als Fahrer müssen Sie natürlich wissen, wohin die Reise hingehen soll. Genau darum geht es beim 2. Weg. Im 2. Weg definieren Sie, wofür Ihre Partnerschaft stehen soll. Wie wünschen Sie sich Ihre Beziehung in fünf oder zehn Jahren? Wir haben keinen Einfluss darauf, wie die Welt bis dahin aussieht. Aber was wir in unseren eigenen vier Wänden tun und lassen, das liegt ganz in unserer Hand.

Ein Leitbild für Ihre Beziehung

Partnerschaft und Ehe sind mehr als die Organisation des Alltags, das Aufteilen der Hausarbeit oder die Erziehung der Kinder. Als Paar bauen Sie sich ein gemeinsames Leben, ein Zuhause und oft auch eine Familie mit Kindern auf. Damit Ihnen all das gelingt, erstellen Sie im 2. Weg ein Beziehungsleitbild, rahmen es und hängen es an einem gut sichtbaren Platz auf. Ihr Leitbild ist die Erinnerung an das Versprechen, das Sie beide sich gegeben haben. Das Versprechen, dass Sie sich in guten wie in schlechten Zeiten gegenseitig liebevoll, treu und zuverlässig zur Seite stehen.

JANE: Ein Beziehungsleitbild ist wie ein *Grundgesetz,* an dem Sie und Ihr Partner sich orientieren können. Ein Leitbild …

- hilft Ihnen, grundlegende Entscheidungen für Ihr Leben zu treffen,
- verkörpert die Ziele und Werte Ihrer Familie,
- ermöglicht Ihnen, Ihre Zukunft im Einklang mit Ihren Prinzipien zu gestalten.

Leitbilder gibt es in den unterschiedlichsten Formen. Manche sind ziemlich lang, andere ganz kurz. Ein Leitbild kann aus einem Zitat, einem Satz, einem Bild, einem Gedicht oder auch aus einem Song bestehen. Hier gibt es kein Richtig oder Falsch. Wählen Sie einfach eine Form, die gut zu Ihrer Partnerschaft passt.

Hier sind ein paar Beispiele:

WIR LIEBEN UNS.

WIR UNTERSTÜTZEN UNS.

WIR GLAUBEN ANEINANDER.

WIR STÄRKEN UNS GEGENSEITIG DEN RÜCKEN!

Als Partner auf Augenhöhe wollen wir uns lieben,

gemeinsam das Leben genießen

und voneinander lernen.

Wir sind ein Team!

Wir beschuldigen uns nicht gegenseitig.

Wir machen uns keine Vorwürfe.

Wir fragen einfach:

Willst du mir helfen, dich und deinen Standpunkt zu verstehen?

Unser eigenes Leitbild hat nur drei Wörter: »Keine leeren Stühle!« Diese drei Wörter haben für unsere Familie eine große Bedeutung. Sie stehen für unsere bedingungslose Liebe und unsere tiefe Verbundenheit: Wir werden uns gegenseitig unterstützen. Wir werden keinen von uns scheitern lassen. Wir werden füreinander da sein! Selbst wenn wir jemanden durch Trennung oder Tod verlieren, wird diese Person emotional für uns niemals verloren sein. Sie oder er wird für immer zu uns gehören und »einen Stuhl an unserem Tisch« haben.

»WIE VIEL BESSER SICH UNSER LEBEN ANFÜHLT,
SOBALD WIR WISSEN,
WAS UNS WIRKLICH WICHTIG IST!«

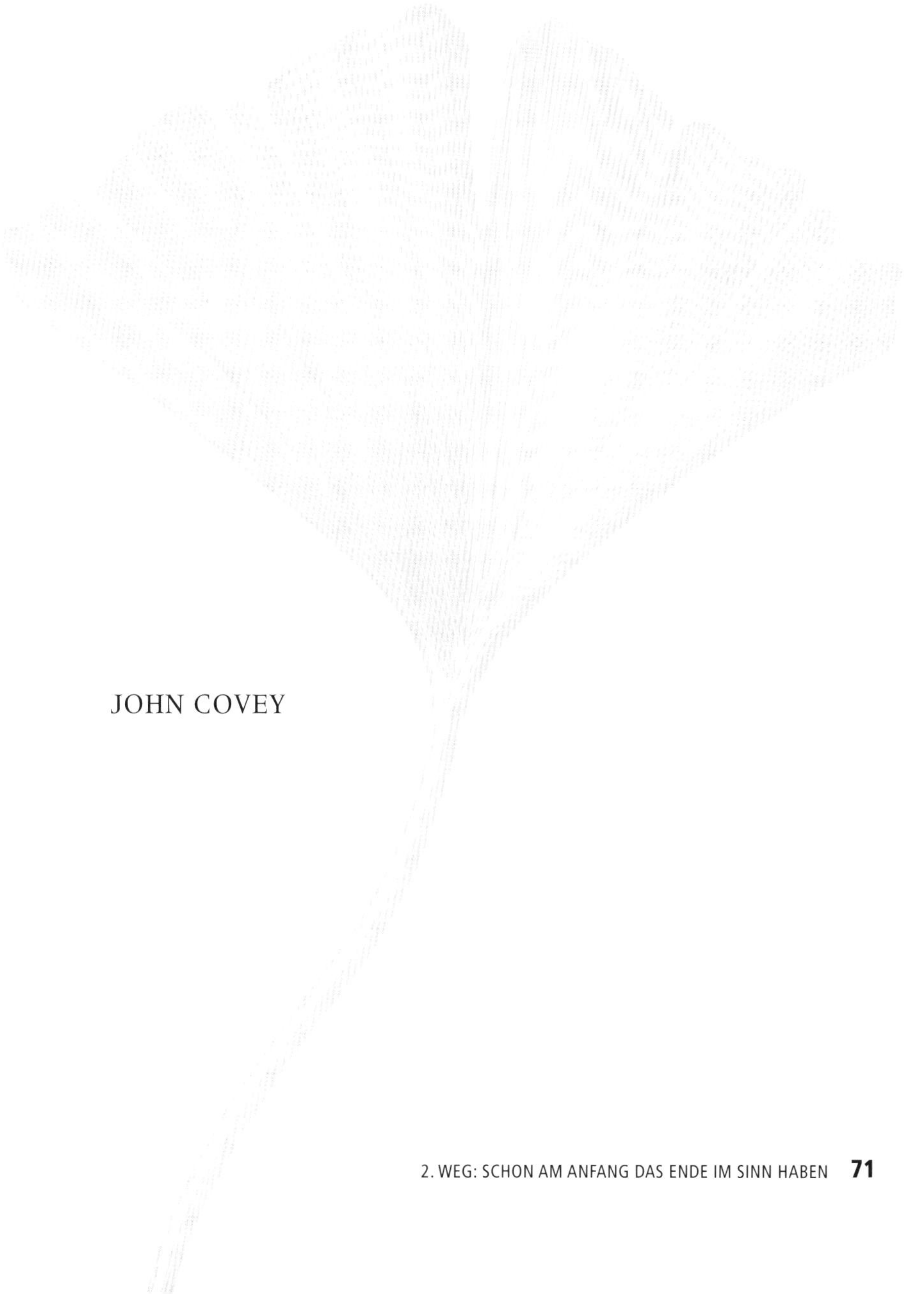

JOHN COVEY

Der 2. Weg in der Praxis

JOHN: Im Mittelpunkt der praktischen Umsetzung des 2. Wegs steht die Erstellung eines *Beziehungsleitbilds*. Es fasst die wichtigsten Ziele und Werte unseres Lebens zusammen. Das Leitbild gibt uns Halt und Orientierung. Es dient beiden Partnern als verlässlicher Wegweiser für wichtige Entscheidungen.

Was gibt es zu beachten, wenn Sie gemeinsam ein Beziehungsleitbild erstellen? Wie gehen Sie dabei am besten vor? Eins ist klar: Das funktioniert nicht auf die Schnelle. Dazu brauchen Sie Zeit, um in Ruhe über einige wichtige Fragen nachzudenken. Also, fangen Sie gleich an. Nähern wir uns dem Ganzen langsam an, indem Sie gemeinsam mit Ihrem Partner die folgenden Fragen beantworten.

Weshalb sind Sie so gern zusammen?

Wieso wollen Sie zusammenbleiben?

Warum geben Sie auch in schwierigen Zeiten nicht auf?

Lassen Sie uns noch einige weitere Ideen und Anregungen für Ihr Leitbild sammeln:

Welche Erinnerungen haben Sie an Ihre jeweilige Kindheit? Wie haben Sie Ferien, Feiertage oder Geburtstage und andere gemeinsame Zeiten in der Familie verbracht?

Welche Rituale und Traditionen gab es in Ihrer Familie?

Welche dieser Rituale und Traditionen haben Sie beide übernommen?

____

____

____

____

____

____

Gibt es Rituale und Traditionen, die Sie beide gerne neu begründen würden?

____

____

____

____

____

____

Was ist Ihnen im Leben und in Ihrer Beziehung wichtig?

Im nächsten Schritt geht es darum, dass Sie zuerst einzeln und dann gemeinsam festlegen, was Ihnen in Ihrem Leben und in Ihrer Beziehung wichtig ist. *Sie* müssen das entscheiden. Wenn Sie und Ihre Partnerin oder Ihr Partner nicht wissen, was Ihnen wichtig ist, wer soll es dann wissen? Internet, Filme, Serien …? Wollen Sie wirklich, dass der Zeitgeist oder irgendwelche C-Promis und Influencer bestimmen, was für Ihre Partnerschaft am besten ist?

Wenn Sie eine dauerhafte, glückliche Beziehung führen wollen, sollten Sie nach einem höheren Wert suchen, der Sie beide vereint. Das könnten beispielsweise das Glück Ihrer Kinder, der Einsatz für ein soziales Projekt oder der Aufbau einer eigenen Firma sein. Mit einem gemeinsamen Wert bewegen Sie sich nicht mehr in entgegengesetzte Richtungen. Sie haben etwas, für das Sie beide gemeinsam eintreten.

So ermitteln Sie Ihre Werte

Werte spielen eine zentrale Rolle in Ihrem Beziehungsleitbild. Wie Sie und Ihr Partner Ihre Werte am besten ermitteln? Jeder von Ihnen sollte sich einzeln 15 Minuten Zeit nehmen. Schalten Sie Computer, Laptop oder Smartphone aus. Suchen Sie sich einen Ort, an dem Sie allein und ungestört sind. Nehmen Sie einen Stift und ein leeres Blatt. Notieren Sie alles, wofür Ihre Beziehung stehen soll. Schreiben Sie fünf Minuten lang. Hören Sie auf keinen Fall auf. Legen Sie den Stift nicht aus der Hand. Kümmern Sie sich nicht um Grammatik und Rechtschreibung. Schreiben Sie einfach ohne Pause. Halten Sie alles fest, was Ihnen durch den Kopf geht.

Vergleichen Sie anschließend gemeinsam, was Sie geschrieben haben. Greifen Sie dann einen oder zwei Punkte heraus, die Ihrer Meinung nach die wichtigsten Werte in Ihrer Beziehung verkörpern.

Sind Sie nicht ganz sicher, welche Werte Ihnen beiden am meisten bedeuten? Dann machen Sie die folgende Partnerübung.

PARTNERÜBUNG

Welche Werte sind am wichtigsten?

Welche Werte sind Ihnen und Ihrem Partner am wichtigsten? Finden Sie gemeinsam heraus, wo jeder von Ihnen seine Schwerpunkte setzt, indem Sie die folgenden Sätze vervollständigen:

Was mir persönlich besonders wichtig ist:

Die drei Dinge, die mir am wichtigsten sind:

1. ______________________________

2. ______________________________

3. ______________________________

Eine Charaktereigenschaft, die ich bewundere:

____

Eine Sache, für die ich mein Leben aufs Spiel setzen würde:

____

Was für unsere Beziehung besonders wichtig ist:

____

____

Begriffe, die beschreiben, wie ich gerne von meinem Partner behandelt werden möchte:

____

____

Zwei große Ziele, die ich mit unserer Beziehung verbinde:

1. ______________________________

2. ______________________________

Eine wichtige Sache über mich, die mein Partner wissen sollte:

____

____

Was uns im Umgang mit anderen besonders wichtig ist:

Freunde fühlen sich bei uns wohl, weil wir:

____

____

⇨

Das war für mich das Beste, was wir bislang für jemand anderen getan haben:

Etwas, von dem ich mir wünsche, dass andere es über unsere Beziehung sagen:

»WENN SIE
MICH FRAGEN:
›WELCHE EINE SACHE HÄTTE
DEN GRÖSSTEN UND NACHHALTIGSTEN
EFFEKT AUF MEINE BEZIEHUNG?‹,
ANTWORTE ICH IHNEN:
›ERSTELLEN SIE GEMEINSAM
MIT IHREM PARTNER EIN LEITBILD.
DAS IST MIT ABSTAND
DAS WICHTIGSTE, DAS SIE FÜR
IHRE PARTNERSCHAFT
TUN KÖNNEN.‹«

STEPHEN R. COVEY

So erstellen Sie ein Beziehungsleitbild

Nun haben Sie schon eine ganze Menge Ideen und Impulse für Ihr Leitbild gesammelt. Jetzt haben Sie eine gute Basis, um Ihr Beziehungsleitbild zu erstellen. Beachten Sie dabei 3 Grundregeln.

3 Grundregeln für die Erstellung eines Beziehungsleitbilds

1. Hören Sie dem anderen respektvoll zu.
2. Geben Sie das Gehörte so wieder, dass Ihre Partnerin oder Ihr Partner sich verstanden fühlt.
3. Halten Sie die wichtigsten Punkte schriftlich fest oder nehmen Sie das Ganze mit dem Handy auf.

In 3 Schritten zum Beziehungsleitbild

1. Schritt: Finden Sie heraus, worum es in Ihrer Beziehung wirklich geht

Sprechen Sie mit Ihrem Partner über folgende Fragen:

1. Wie wollen wir miteinander umgehen?
2. Was macht es so schön, nach Hause zu kommen?
3. Welche einzigartigen Beiträge können wir als Team leisten?
4. Welche großen Ziele wollen wir gemeinsam erreichen?
5. Welche Talente und Fähigkeiten bringt jeder von uns mit?
6. Wie können wir uns gegenseitig ergänzen?
7. Wie können wir uns bei unseren Aufgaben und Vorhaben unterstützen?
8. Was ist uns als Paar wirklich wichtig?
9. Was hat für unsere Beziehung absolute Priorität?
10. Welche Prinzipien sollen für unsere Beziehung grundlegend sein – beispielsweise Vertrauen, Ehrlichkeit, Freundlichkeit oder Hilfsbereitschaft?

Weitere hilfreiche Überlegungen ...

- Was soll uns als Partnerin oder als Partner besonders auszeichnen?
- Wie wollen wir Meinungsverschiedenheiten beilegen?
- Wer von uns soll welche Rollen in welchem Bereich übernehmen?
- Wie wollen wir finanzielle Angelegenheiten regeln?
- Wollen wir Kinder haben?
- Wie wollen wir als Eltern sein?
- Wie wollen wir unsere Kinder erziehen?
- Wie können wir gute Beziehungen zur Familie des anderen aufbauen?
- Welche Rituale und Traditionen bringen wir aus den Familien mit, in denen wir aufgewachsen sind?
- Welche Rituale und Familientraditionen wollen wir beibehalten und welche nicht?

Auch hier gilt: Sammeln Sie alle Ideen, Begriffe und Formulierungen, die Sie für Ihr Leitbild nutzen können. Denken Sie daran: Kein Gedanke, keine Idee ist schlecht. Wenn Sie beide Ihre Vorschläge eingebracht haben, sollten Sie alles ordnen und priorisieren: Legen Sie gemeinsam fest, welche Punkte die größte Bedeutung für Sie haben.

2. Schritt: Achten Sie darauf, dass Ihr Leitbild 4 wichtige Aspekte umfasst

Auch wenn Ihr Leitbild am Ende vielleicht nur aus einem einzigen Satz besteht, sollte es die folgenden 4 Aspekte abdecken:

1. *Eigenschaften:* Was soll Ihre Beziehung, Ihre Familie und Ihr Zuhause besonders auszeichnen?
2. *Wirkung:* Welche positiven Auswirkungen soll Ihre Beziehung auf Ihren Partner, Ihre Familie und Ihr Umfeld haben?
3. *Ziel:* Welches bedeutsame Ziel wollen Sie als Paar oder als Familie erreichen?
4. *Kraftquellen:* Auf welchen Prinzipien sollen Ihre Beziehung und Ihre Familie beruhen?

»WIE WIRD IHR LEITBILD LAUTEN?
ENTWICKELN SIE EIN LEITBILD,
DAS SIE INSPIRIERT.
RAHMEN SIE ES EIN UND HÄNGEN SIE ES
SICH GANZ GROSS AN DIE WAND.
ES IST DIE BLAUPAUSE IHRER BEZIEHUNG.
IHR LEITBILD SAGT IHNEN BEIDEN,
WO SIE IN FÜNF JAHREN SEIN WOLLEN.
ES ZEIGT IHNEN,
WER SIE WIRKLICH SIND.«

JANE P. COVEY

3. Schritt: Halten Sie Ihr Beziehungsleitbild schriftlich fest

Ein Beziehungsleitbild ist kein Punkt auf Ihrer To-do-Liste, den Sie einfach abhaken können. Es soll die Verfassung, das Grundgesetz für Ihre Beziehung und für Ihr Familienleben sein – etwas, was Sie über Jahrzehnte und vielleicht sogar über Generationen hinweg eint und zusammenhält. Deshalb sollten Sie Ihr Leitbild unbedingt schriftlich festhalten. Gehen Sie nicht davon aus, dass der erste Text gleich die perfekte Fassung ist. Erstellen Sie zunächst einen Rohentwurf. Sprechen Sie das Ganze immer wieder mit Ihrer Partnerin oder Ihrem Partner durch. Denken Sie darüber nach und nehmen Sie Änderungen vor. Nach einer Weile haben Sie dann ein Leitbild, von dem Sie beide aus vollem Herzen sagen: »Ja, darum geht es in unserer Beziehung! Das ist unser gemeinsames Leitbild. Wir beide glauben fest daran und sind bereit, uns innerlich darauf zu verpflichten und danach zu leben.«

Noch 3 hilfreiche Tipps:

1. Überstürzen Sie nichts.
2. Erzwingen Sie nichts.
3. Vergessen Sie nichts.

◗ EXKURS: Ein Beziehungsleitbild für eine Patchwork-Familie erstellen

JANE: Patchwork-Familien haben ihre ganz eigenen Herausforderungen zu bestehen. Die Beziehung zwischen den Partnern wird häufig auf die Probe gestellt. Deshalb ist hier ein Leitbild besonders wichtig und wertvoll. Die folgenden Vorschläge sollen Ihnen beim Erstellen Ihres Beziehungsleitbilds helfen. Knausern Sie nicht mit der Zeit, die Sie in Ihr Leitbild investieren. Denken Sie daran, dass Sie beide eine vereinende, stabile Kraft in Ihrer Familie werden müssen. Legen Sie ein Ziel fest, das Sie mit Ihrer Patchwork-Familie verbinden. Einigen Sie sich darauf, welche Stärken, Werte und Prinzipien im Mittelpunkt stehen sollen. Schaffen Sie Vertrauen und Glaubwürdigkeit, indem Sie Ihren Kindern die Werte und Prinzipien, die in Ihrer Familie eine zentrale Bedeutung haben sollen, vorleben.

Überlegen Sie, wie Sie beide ein Team werden und sich die Führungsrolle in Ihrer Familie auf fürsorgliche und feinfühlige Weise teilen können. Bestärken Sie sich gegenseitig. Verbringen Sie Zeit zu zweit und gönnen Sie sich regelmäßige Ausgeh-Abende.

Sprechen Sie darüber, wer die Kinder zur Disziplin rufen und wann und wie das geschehen soll. Bestrafen Sie Ihre Kinder nicht. Machen Sie sich den Unterschied zwischen Disziplinierung und Bestrafung bewusst. Einigen Sie sich auf konkrete Disziplinierungsmaßnahmen. Bringen Sie Ihre Kinder auf den richtigen Weg, ohne dass die liebevollen Beziehungen in Ihrer Familie darunter leiden.

Versuchen Sie, herzliche und liebevolle Beziehungen zu allen Kindern aufzubauen. Seien Sie für die Kinder Freundin oder Freund und Vater oder Mutter zugleich. Leisten Sie regelmäßig Einzahlungen auf die emotionalen Beziehungskonten bei Ihren Kindern. Behalten Sie vertraulich Mitgeteiltes für sich. Hören Sie einfühlsam zu und erweisen Sie kleine Freundlichkeiten.

Wenn sich vertrauensvolle Beziehungen zwischen allen in der Familie entwickelt haben und Ihre Kinder das Gefühl haben, dass man ihnen zuhört und sie versteht, ist es Zeit für den nächsten Schritt. Dann können Sie gemeinsam ein Leitbild für Ihre gesamte Patchwork-Familie erstellen. Achten Sie darauf, dass alle sich bei der Entwicklung einbringen und sich mit Ihrem Familienleitbild identifizieren können. Haben Sie Geduld und lassen Sie sich Zeit.

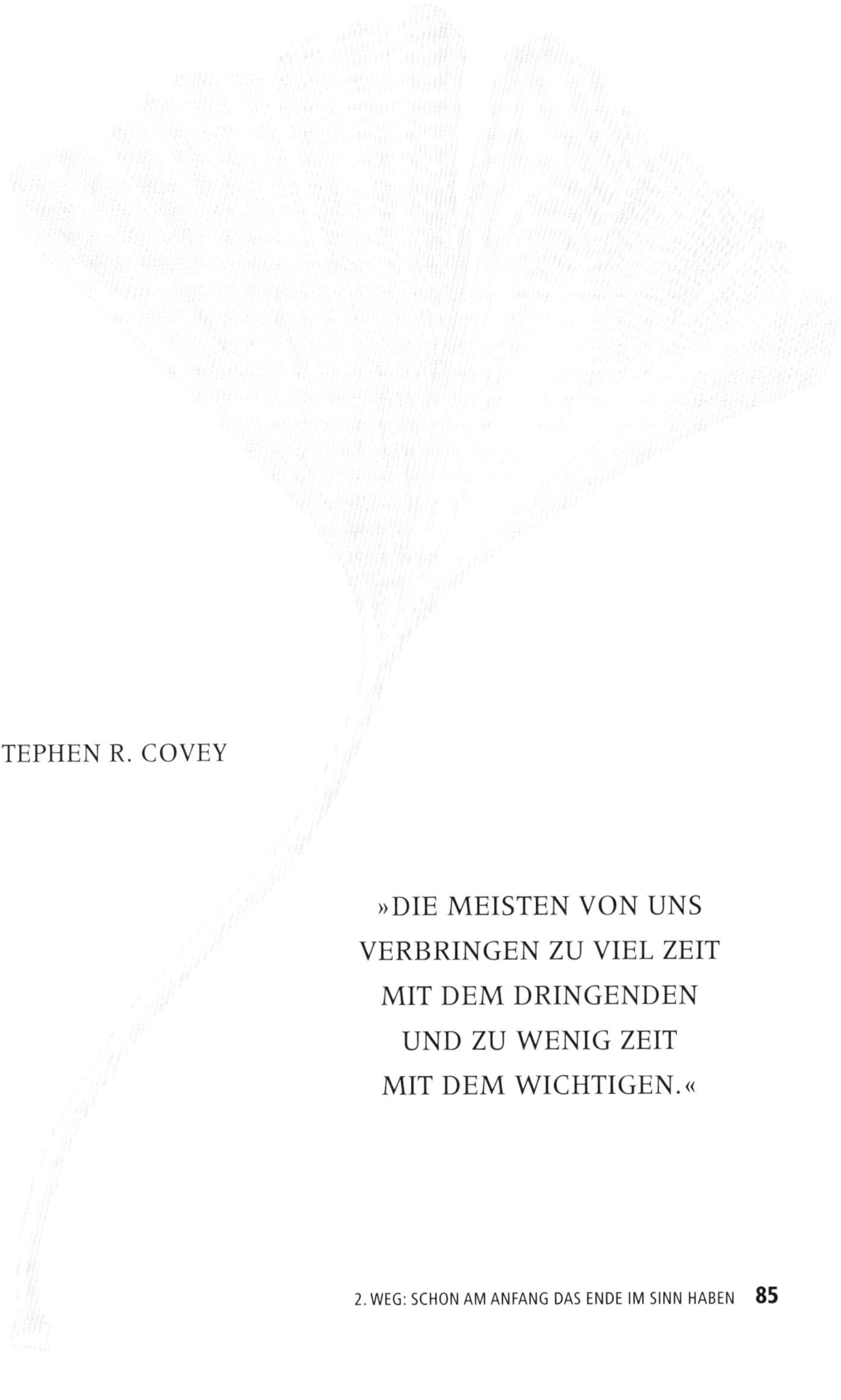

STEPHEN R. COVEY

»DIE MEISTEN VON UNS
VERBRINGEN ZU VIEL ZEIT
MIT DEM DRINGENDEN
UND ZU WENIG ZEIT
MIT DEM WICHTIGEN.«

3. Weg: Das Wichtigste zuerst tun

Wie Sie Ihre Beziehung in den Mittelpunkt stellen

JANE: Zu Beginn des 3. Weges möchte ich Ihnen die Geschichte von Marisa und Luis erzählen:

Marisa und Luis stammen aus Brasilien und leben heute in Arizona. Als bei beiden auswanderten, hatten sie ihre vierjährigen Zwillingsjungs und Marisas Mutter mit im Gepäck. Sie mieteten eine Wohnung für sich. Für Marisas Mutter fanden sie ein kleines Apartment ganz in der Nähe. Luis arbeitete als Wartungstechniker in einem Krankenhaus. Auch Marisa fand bald einen neuen Job. Die beiden Jungs kamen in einen Kinderhort.

Schnell sprach sich herum, dass Luis ein hervorragender Handwerker war. Er bekam immer mehr Nebenjobs und arbeitete fast rund um die Uhr. Marisa rackerte sich in ihrem schlechtbezahlten Job ab. Nebenbei pflegte sich auch noch ihre Mutter. Nach einem langen, anstrengenden Tag kam sie müde und frustriert nach Hause. Doch dann erhielt sie einen Anruf aus dem Kinderhort. Man sagte ihr, dass die Zwillinge ständig miteinander stritten und die anderen Kinder regelrecht terrorisierten.

Da Maria und Luis komplett ausgelaugt waren, hatten sie in den letzten Wochen und Monaten kaum noch miteinander gesprochen. Deshalb beschloss Marisa, Luis einen Besuch an seinem Arbeitsplatz im Krankenhaus abzustatten, um endlich mit ihm zu reden. Als sie den Korridor entlangging, sah sie ihren Mann. Luis bemerkte sie nicht. Er war völlig vertieft in ein Gespräch mit einer hübschen jungen Latina. Die beiden lachten und scherzten miteinander.

Marisa war wie vom Blitz getroffen. Sie dachte: Manchmal vergesse ich, was für ein toller Mann mein Luis ist. Dann schoss ihr durch den

Kopf: Unsere Ehe könnte zerbrechen! Wenn das passiert, verlieren wir alles, wofür wir beide uns so abgerackert haben!!!

An diesem Abend sprachen Marisa und Luis sehr lange miteinander. Gemeinsam trafen sie einige wichtige Entscheidungen. Marisa sagte: »Ich möchte meinen Job aufgeben. Die Arbeit ist anstrengend und auch noch sehr schlecht bezahlt. Wir könnten etwas Geld sparen, wenn wir meine Mutter zu uns holen.« Zudem beschlossen sie, ihre Jungs aus dem Hort zu nehmen und die beiden lieber zu Hause zu betreuen.

Später meinte Marisa: »Es ist nicht leicht, von einem Gehalt zu leben. Aber wenn Luis nach Hause kommt, bin ich entspannt. Unsere Ehe war nie besser und unsere beiden Jungs sind wie ausgewechselt. Wir alle sind glücklicher und zufriedener als je zuvor!«

Marisa und Luis sagen: »Unsere Beziehung ist jetzt das Wichtigste in unserem Leben – und nicht bloß irgendeine Nebensache! Wir sind fest entschlossen, das auch in Zukunft so beizubehalten.«

Das ist die Geschichte eines Paares, das sich zusammengesetzt und gesagt hat: »Es läuft nicht gut mit uns in unserem Leben!« Gemeinsam fassten sie den pro-aktiven Entschluss, die Dinge zu verändern. Die beiden haben dafür gesorgt, dass ihre Beziehung wieder zur Hauptsache in ihrem Leben wurde. Und genau darum geht es beim 3. Weg: *Das Wichtigste zuerst tun!*

◗ EXKURS: Was Sie tun können, damit Ihre Beziehung tatsächlich die Hauptsache bleibt

JANE: John und ich haben uns versprochen, uns genügend Zeit für unsere Beziehung zu nehmen – Zeit zu zweit, die wir beide ganz alleine miteinander verbringen. Auch Sie sollten sich bewusst entscheiden, sich Zeit zu zweit zu schenken. Das ergibt sich nicht von allein. Im hektischen Alltag müssen diese Zeitinseln für Ihre Beziehung gut geplant werden. Sie müssen sich diese Zeit blocken und sagen: »Das ist unsere Zeit. Diese Zeit ist uns beiden heilig!«

JOHN: Noch etwas ist wichtig: Jane und ich nehmen uns jede Woche Zeit, um uns zusammenzusetzen, die nächste Woche zu besprechen und uns über unsere Pläne und

⇨

Erwartungen auszutauschen. Das sollten Sie und Ihre Partnerin oder Ihr Partner auch tun. Halten Sie Ihren Kalender bereit. Reservieren Sie noch während des Gesprächs Zeit für die Aktivitäten und die Menschen, die für Ihre Beziehung am wichtigsten sind. Achten Sie darauf, dass die »großen Steine«, Ihre Top-Prioritäten, nicht zu kurz kommen!

Schaffen Sie Zeit für das, was wirklich zählt!

JOHN: Wie machen Sie Ihre Beziehung zur Hauptsache in Ihrem Leben? Blocken Sie ausreichend Zeit für sich und Ihre Partnerin oder Ihren Partner. Verbringen Sie diese Zeit nur zu zweit – nur Sie beide und sonst niemand! Sie müssen sich bewusst dazu entschließen, Ihrer Beziehung den Vorrang vor allem anderen einzuräumen. Sagen Sie Ihrem Partner jeden Tag von neuem, wie wichtig er für Sie ist. Reden Sie über die Zusagen und Versprechen, die Sie sich gegeben haben. Erneuern Sie sie. Und: Halten Sie jede Woche ein kurzes Beziehungs-Meeting ab!

Zeit zu zweit

JANE: Sprechen wir jetzt über die Magie, die in Ihrer Beziehung entsteht, sobald Sie bewusst Zeit zu zweit verbringen – beispielsweise einmal in der Woche. Warum betonen wir immer wieder, dass Sie das bewusst tun sollten? Weil es diese gemeinsame Zeit sonst nicht geben wird. In der hektischen Welt von heute muss man sich ungestörte Zeit zu zweit manchmal ziemlich hart erkämpfen!

Für unsere Zeitplanung ist der Sonntagmorgen ideal. John sagt dann: »Hey, nimm deinen Kalender und lass uns zehn Minuten über die nächste Woche sprechen.« Zehn Minuten sollte jeder für seine Beziehung übrig haben. Es genügt, wenn einer die Initiative ergreift. Einer von uns muss das Ziel im Auge behalten.

JOHN: Warum ist es so wichtig, Zeit zu zweit zu haben? Wofür braucht es das wöchentliche Beziehungs-Meeting? Wenn Sie Ihre Beziehung

»GÖNNEN SIE SICH ZEIT
ZU ZWEIT UND BRINGEN SIE MAGIE
IN IHRE BEZIEHUNG!«

JANE P. COVEY

nicht an die erste Stelle setzen, heißt das, dass Sie Ihrem Partner nicht den Wert beimessen, den er verdient. Dann verliert er möglicherweise das Vertrauen in Ihre Beziehung. Wer sich nicht geliebt und geschätzt fühlt, hat am Ende auch kein Vertrauen mehr.

Weshalb scheitern Beziehungen?

Einer der wichtigste Grund für das Scheitern von Beziehungen ist dasselbe Problem, das auch zur Untreue führen kann: Für die betroffenen Paare ist die Beziehung nicht mehr das Wichtigste im Leben. Sie sind voll und ganz mit ihren Karrieren, ihren Kindern, ihren ehrenamtlichen Aufgaben, Sport, Hobbys und anderen Aktivitäten beschäftigt. Den Partner nehmen sie kaum noch wahr. Es ist einfach selbstverständlich, dass der andere da ist. Aber so funktioniert das nicht! Eine glückliche, starke Beziehung können Sie nur führen, wenn der andere für Sie ganz klar an erster Stelle steht – und das sogar noch vor den Kindern!

Der 3. Weg in der Praxis

JOHN: Lassen Sie uns das eben Gelesene jetzt praktisch umsetzen. *Das Wichtigste zuerst tun*: Theoretisch klingt das ziemlich einfach. Doch in Anbetracht der vielen Dinge, die sich den Anstrich von Wichtigkeit geben, kann das sehr schwer sein. Gönnen Sie sich jeden Morgen eine ruhige Minute. Machen Sie sich frei von allem, was Sie ablenken könnte. Planen Sie Ihre wichtigsten Aktivitäten. Sorgen Sie dafür, dass Sie sowohl Zeit für sich selbst als auch für Ihre Beziehung haben.

Große oder kleine Steine?

Beziehungen sind dann glücklich und erfolgreich, wenn die Partner das Wichtigste zuerst tun. Damit Ihnen das gelingt, sollten Sie zwischen großen und kleinen Steinen unterscheiden:

- Große Steine – was am wichtigsten ist.
- Kleine Steine – was weniger wichtig ist.

Paare können das Wichtigste leicht aus dem Blick verlieren. Indem Sie sich auf die großen Steine fokussieren und Ihr Handeln danach ausrichten, schaffen Sie die Basis für gute Kommunikation und tiefes Vertrauen. Zwei wirklich große Steine für die meisten Beziehungen sind:

1. Zeit zu zweit
2. Rituale und Traditionen

Erster großer Stein: Zeit zu zweit

Wenn Sie Zeit ganz allein mit Ihrem Partner verbringen, können Sie Ihre Beziehung stärken und eine tiefe innere Verbindung zueinander aufbauen. Denken Sie jetzt bitte an eine Zeit zu zweit mit Ihrer Partnerin oder Ihrem Partner, die für Sie beide besonders wichtig und wertvoll war. Überlegen Sie:

STEPHEN R.
COVEY

»WENN SIE DIE GROSSEN STEINE NICHT ZUERST IN IHREN KALENDER EINTRAGEN, WERDEN SIE KAUM PLATZ DAFÜR FINDEN. DOCH SOBALD SIE DIESE GROSSEN STEINE ALS ERSTES EINTRAGEN, WERDEN SIE IN IHREM INNEREN EINEN TIEFEN FRIEDEN VERSPÜREN.«

Die gemeinsam verbrachte Zeit war so wichtig und wertvoll für uns, weil:

Welche Aktivitäten zu zweit würden Ihrem Partner noch gefallen? Notieren Sie einige Dinge, die Sie gemeinsam unternehmen könnten:

Zweiter großer Stein: Rituale und Traditionen

Rituale und Traditionen festigen die Bindung und stärken das Wir-Gefühl. Deshalb sollten Sie sich Gedanken über die folgenden Fragen machen – am besten gemeinsam mit Ihrem Partner:

Wie bringen Beziehungsrituale und Familientraditionen uns einander näher?

Welche Rituale und Traditionen wollen wir künftig gemeinsam pflegen?

PARTNERÜBUNG

So funktioniert die gemeinsame Zeitplanung

Nutzen Sie und Ihr Partner noch kein Zeitplanungssystem? Dann sollten Sie sich schnellstmöglich eines zulegen. Es eignet sich bestens als Geschenk und ist eine Investition, die sich langfristig auszahlt. Wenn Sie die digitale Variante dem Papier vorziehen, ist das kein Problem. Inzwischen gibt es viele hervorragende digitale Lösungen für die Zeitplanung. Vielen Paaren hilft es, zunächst einige Varianten auszuprobieren, um dann zu sehen, mit welchem System sich beide am wohlsten fühlen. Die folgenden Tipps helfen Ihnen bei der Zeitplanung:

- Bitten Sie Ihren Partner, eine Liste von den Dingen zu erstellen, die er für seine größten Zeitfresser hält. Überlegen Sie gemeinsam, wie man diese Zeitfresser am besten in Schach halten kann.
- Planen Sie als Paar – nur Sie beide.
- Reservieren Sie auch ein paar Stunden in der Woche als Familienzeit. Sehen Sie sich einen Film an, gehen Sie essen, veranstalten Sie Spieleabende, kochen Sie gemeinsam. Tun Sie, was immer Ihrer Familie gefällt. Halten Sie diese Zeit in Ehren und machen Sie daraus eine Tradition. Jeder in der Familie sollte diese Zeit fest in seinem Kalender blocken.

»IN BEZIEHUNGEN
ERWEISEN SICH
DIE KLEINEN DINGE
AM ENDE
ALS DIE GROSSEN.«

STEPHEN R. COVEY

4. Weg: Win-Win-Denken

Vom »Ich« zum »Wir« gelangen

JOHN: Der 4 Weg lautet: *Win-Win-Denken* und nicht Gewinn für mich und Verlust für dich. Es geht um den beiderseitigen Vorteil – darum, dass *beide* gewinnen. Das ist eine wichtige Voraussetzung für eine glückliche Beziehung. In einer Partnerschaft ist ein Verlust für einen von beiden immer auch ein Verlust für die Beziehung. Aber was heißt es genau, Win-Win zu denken? Paare, die Win-Win denken, sagen: »Ich wünsche mir das, was für dich am besten ist. Ebenso wünsche ich mir das, was für mich am besten ist.«

Das emotionale Beziehungskonto

JANE: Der 4. Weg handelt davon, wie Beziehungen funktionieren. Beziehungen kann man wunderbar mit Bankkonten vergleichen. Deshalb sprechen wir hier von *emotionalen Beziehungskonten*. Tag für Tag zahlen Sie auf Ihr emotionales Beziehungskonto bei Ihrem Partner ein. Und natürlich können Sie auch etwas von Ihrem Konto abheben.

Um das zu verdeutlichen, sehen wir uns jetzt das Beispiel von Siri und Tom an. Die beiden sind seit 15 Jahren ein Paar. Hier sind einige Einzahlungen und Abhebungen, die Siri im Laufe eines Tages auf ihrem emotionalen Beziehungskonto bei Tom vornimmt:

Es ist 8 Uhr morgens und Siri ruft: »Guten Morgen, Schatz! Ich habe dir dein Lieblingskäseomelett gemacht.«

8.15 Uhr: »Tom, ich habe die Wäsche gewaschen und dir deine sauberen Socken und T-Shirts gefaltet aufs Bett gelegt.«

8.25 Uhr: »Dein Nichtsnutz von Bruder hat angerufen. Wahrscheinlich will er schon wieder Geld schnorren.«

9.00 Uhr: »Leon hat heute um 12 Uhr sein Fußballspiel. Es wäre toll, wenn du zur Abwechslung mal mitgehen könntest. Oder bist du wieder nur damit beschäftigt, auf der Couch zu liegen und selbst Fußball zu gucken.«

17.30 Uhr: »Danke, dass du mein Auto gewaschen hast. Was für eine schöne Überraschung, Tom.«

17.35 Uhr: »Meine Mutter hat abgerufen und du hast mir nichts gesagt? Machst du das absichtlich? Danke vielmals!«

18.00 Uhr: »Du möchtest uns heute Abend zum Essen ausführen? Das ist total lieb von dir!«

21.30 Uhr: »Tom, schalt endlich den verdammten Fernseher aus. Für dich gibt's wohl nichts anderes als Fernseher und Fußball!«

22.00 Uhr: »Du hast schmutzige Gläser und Teller auf dem Fußboden rumstehen lassen. Was bist du nur für ein Chaot. Sehe ich etwas aus wie deine Dienerin? Macht es dir Spaß, mich zur Verzweiflung zu bringen?«

Das emotionale Beziehungskonto steht für die Qualität Ihrer Partnerschaft. Wenn Sie an Toms Stelle wären, welches Gefühl hätten Sie am Ende des Tages im Hinblick auf Ihre Beziehung? Auf und ab? Was hat überwogen: die Abhebungen oder die Einzahlungen?

Wie hoch ist das Guthaben auf Ihrem Beziehungskonto?

JOHN: Denken Sie jetzt an Ihre Partnerschaft. Zahlen Sie regelmäßig auf Ihr emotionales Beziehungskonto bei Ihrem Partner ein? Oder heben Sie sehr oft etwas ab? Stärken Sie mit dem, was Sie sagen und tun, das Vertrauen in Ihrer Beziehung oder schwächen Sie es?

JANE: Oft denken wir, dass wir genau wüssten, was für unseren Partner eine Einzahlung ist. Doch häufig trügt der Schein. Wir meinen es gut und wollen eine Einzahlung vornehmen. Doch am Ende wird daraus eine Abhebung. Wie schnell so etwas passieren kann, zeigt die Geschichte von Giulia und Al:

Giulia und Al sind seit drei Jahren verheiratet. Sie haben ein Kind und Al ist erst kürzlich von seinem Einsatz im Irak zurückgekehrt. Giulia hat das Gefühl, dass ihnen eine kleine Auszeit guttun würde. Deshalb

»WENN SIE IHRE BEZIEHUNG STÄRKEN WOLLEN, SOLLTEN SIE FÜR JEDE ABHEBUNG MINDESTENS FÜNF EINZAHLUNGEN TÄTIGEN.«

STEPHEN R. COVEY

organisiert sie einen Ausflug nach Kalifornien – drei Übernachtungen in einem netten kleinen Hotel. Ihre Mutter kümmert sich währenddessen um das Kind.

Zwei Wochen nach ihrer Rückkehr hört Giulia, wie Al am Telefon zu seinem Bruder sagt: »Weißt du, diese Reise nach Kalifornien mit Giulia … Es war ja gut gemeint von ihr. Aber ehrlich gesagt konnte ich es gar nicht abwarten, wieder nach Hause zu kommen.«

Nachdem Al aufgelegt hat, stellt Giulia ihn zur Rede: »Was sagst du da? Du konntest es nicht abwarten, nach Hause zu kommen?«

Giulia ist den Tränen nahe. »Wie konntest du so was auch nur denken?«

»Es tut mir so leid, Giulia. Bitte lass mich dir erklären, wie sich diese Reise für mich angefühlt hat. Am ersten Morgen hast du gesagt: ›Al, diese Reise ist für dich. Was möchtest du heute machen?‹ Ich antwortete: ›Lass uns zum Schwimmen an den Strand gehen.‹ Aber du hast nur gemeint: ›Oh nein! Ich hasse die Sonne, die ist schlecht für meine Haut. Lass uns lieber in die Stadt zum Einkaufen fahren!‹ Und ich sagte: ›Na gut, wenn es unbedingt sein muss.‹

Später hast du gefragt: ›Schatz, wo möchtest du heute Abend essen?‹ Nach dem ganzen Gerenne von Laden zu Laden sagte ich: ›Wie wäre es mit einem guten mexikanischen Essen?‹ Deine Antwort: ›Nein, nein! Ich will in eine Suppen- und Salatbar!‹«

So ging es dann immer weiter. Ständig hast du mich gefragt, was ich mir wünsche. Doch am Ende haben wir nur das gemacht, was du wolltest …

»Warum hast du mir das nicht gesagt?, schluchzte Giulia.

»Weil du dir das mit der Reise ausgedacht hast, weil ich dich liebe und weil ich es dir recht machen wollte.«

Und Giulia fragt sich: Wie konnte das passieren? Was in aller Welt ist da schiefgelaufen? Ich hatte doch gedacht, das wäre der perfekte Ausflug …

Giulia war überzeugt, dass diese Reise für Al eine große Einzahlung war. Doch am Ende entpuppte sich das Ganze als Abhebung. Wie ist so etwas möglich? *Wer entscheidet, was eine Einzahlung ist?* Der Kontoinhaber oder die Bank? Natürlich die Bank! Deshalb: Finden Sie heraus, was für Ihren Partner tatsächlich eine Einzahlung ist. Und: Verraten Sie ihm im Gegenzug, was Sie als Einzahlung betrachten.

JOHN: Manchmal genügt es, einfach zu fragen: »Erzähl mal, Schatz: Was wäre für dich ein Gewinn? Ich sag dir dann auch gerne, was für mich ein Gewinn ist.« Es braucht ein bisschen Zeit und die Bereitschaft, dem anderen aufrichtig zuzuhören, aber dann funktioniert es ganz wunderbar!

Einzahlungen oder Abhebungen?

Einzahlungen schaffen Vertrauen oder stellen es wieder her. Abhebungen dagegen untergraben das Vertrauen in Ihrer Beziehung. Hier sind ein paar konkrete Beispiele:

(+) **Einzahlungen**	(–) **Abhebungen**
Freundlich sein.	Unfreundlich sein.
Ehrlich sein.	Nicht die Wahrheit sagen.
Sich entschuldigen.	Sich nur zum Schein entschuldigen.
Abwesenden gegenüber loyal sein.	Schlecht über Abwesende reden.
Versprechen halten.	Versprechen brechen.
Vertrauliches für sich behalten.	Vertrauliches weitererzählen.
Dem anderen vergeben.	Nachtragend sein.
Die eigenen Werte vorleben.	Wasser predigen und Wein trinken.

Beschreiben Sie einen Fall aus der jüngeren Vergangenheit, als Ihr Partner auf sein emotionales Beziehungskonto bei Ihnen eingezahlt hat. Worin bestand diese Einzahlung. Wie hat sich das für Sie angefühlt?

JOHN COVEY

»DER KONTOSTAND AUF IHREM
EMOTIONALEN BEZIEHUNGSKONTO
BEI IHREM PARTNER ZEIGT
IHNEN SEHR GENAU,
WIE ES UM DAS VERTRAUEN
IN IHRER PARTNERSCHAFT
BESTELLT IST.«

Erstellen Sie eine Liste mit Dingen, die Sie als Einzahlungen betrachten. Bitten Sie Ihren Partner, ebenfalls eine Liste zu machen. Zeigen Sie sich die Listen und sprechen Sie darüber.

ÜBUNG

Bringen Sie Ihr Beziehungskonto bei Ihrem Partner ins Plus

Einzahlungen, die ich tätigen will:

Abhebungen, die ich vermeiden will:

Gewinn oder Verlust: Die Entscheidung liegt bei Ihnen!

JANE: Win-Win oder Gewinn-Verlust? Die Entscheidung liegt ganz bei Ihnen. Hier ein Beispiel:

Willem und Carlotta sind seit 22 Jahren zusammen. Eines Tages sagt Carlotta zu Will: »Komm gar nicht erst auf die Idee, mich noch mal zu bitten, dich auf eine deiner Firmenfeiern zu begleiten. Ich mag niemanden von deinen Mitarbeitern. Mit ihren langweiligen Ehefrauen verbindet mich rein gar nichts. Und die Singles interessieren mich noch viel weniger.«

Willem erwidert: »Carlotta, es bedeutet mir sehr viel, dass du mich begleitest.«

»Nein, mit dem Thema bin ich durch!«

Und Willem weiß: Da ist nichts zu machen. Sie meint es wirklich so!

Kurz darauf sagt Willem: »Hey, Carlotta, lass uns diesen Winter Skipässe kaufen. Dann können wir ein paar Wochenenden gemeinsam auf der Piste verbringen.«

»Willem, du kannst mit deinem Bruder gehen. Du weißt, wie sehr ich die Kälte hasse. Ich will auf keinen Fall zum Skifahren.«

Zwei Stunden später sagt Carlotta zu Willem: »Will, ich habe ein Abonnement für die Konzerte in der Symphoniehalle. Leider kann Anna nicht mitkommen kann. Würdest du mit mir hingehen? Bitte, bitte. Es ist nur einmal im Monat – und auch nur vier Monate lang.«

»Nein!«, erwidert Willem. »Wenn ich schon so viel Geld ausgebe, dann lieber für ein Basketball-Spiel. Such dir jemand anderen.«

Carlotta und Willem haben sich für Gewinn-Verlust entschieden. Und Sie? Wofür werden Sie sich entscheiden?

Denken Sie an den Gewinn Ihres Partners – und an Ihren eigenen!

JOHN: Glückliche Beziehungen sind das Resultat von Win-Win-Denken. Hier herrscht eine *Überfluss-Mentalität*. Die Partner sind überzeugt, dass beide gewinnen können.

Haben Sie bislang überwiegend Gewinn-Verlust gedacht? Was passiert, wenn Sie beginnen, eine Gewinn-Gewinn-Einstellung zu entwickeln? Was macht das mit Ihrer Partnerschaft? Die gesamte Kultur Ihrer Beziehung verändert sich. Jetzt überlegen Sie nicht mehr: »Was ist für *mich* am besten?« Nun fragen Sie sich: »Was ist für uns *beide* am besten?«

Auch wenn es ein Gewinn für Sie ist – sobald es ein Verlust für Ihren Partner ist, ist es automatisch auch ein Verlust für Ihre Partnerschaft. Und wenn es kein Gewinn für Ihre Partnerschaft ist, ist es am Ende auch kein Gewinn für Sie. Vielleicht sagen Sie jetzt: »Okay, dann will ich, dass alles ein Gewinn für meinen Partner ist – wo wir leben, wofür wir unser Geld ausgeben, was wir tun!« Aber das ist auch keine Lösung. Es muss für *beide* ein Gewinn sein. Das Beste für alle Beteiligten und für Ihre Beziehung ist, zu denken: »Ich will, dass es auch für mich ein Gewinn ist. *Wir beide sollen Gewinner sein.* Ich setze nicht auf *Verlust-Gewinn*!«

Wie Sie das erreichen? Wichtig ist, dass Sie sich gegenseitig einfühlsam zuhören, miteinander sprechen und sich offen und ehrlich austauschen. Das erfordert Zeit, Geduld und auch ein wenig Übung. Aber es lohnt sich. Denn Win-Win-Denken verstärkt die Vorteile einer »Partnerschaft auf Augenhöhe«. Hier steht keiner über dem anderen. Vielmehr achten beide darauf, dass die Wünsche und Bedürfnisse beider Partner Beachtung finden.

Wenn Sie nicht miteinander reden, können Sie nicht wissen, was für Ihren Partner ein Gewinn ist, wenn es um Urlaub, Freizeitaktivitäten, Zeit zu zweit oder Beruf, Karriere und Geld geht. Genauso wenig kann Ihr Partner wissen, was für Sie ein Gewinn ist. Deshalb: *Reden Sie miteinander und hören Sie sich gegenseitig zu* – und zwar mit der festen Absicht, den anderen wirklich zu verstehen! Das ist der Schlüssel, um in einer Ehe oder Partnerschaft auf Gewinn-Gewinn zu setzen.

Der 4. Weg in der Praxis

JOHN: Lassen Sie uns den 4. Weg jetzt praktisch anwenden. Win-Win bedeutet, dass beide Partner in einer Situation für den anderen und für sich selbst einen Gewinn erkennen. Diese Gewinne kann man, wie unten gezeigt, in einem *T-Diagramm* darstellen. Versuchen Sie es doch gleich einmal selbst: Denken Sie an eine Situation in Ihrer Beziehung, die am Ende kein Gewinn für Sie beide war. Machen Sie sich klar, wie ein Gewinn für Sie ausgesehen hätte. Fragen Sie Ihren Partner, was für ihn ein Gewinn gewesen wäre:

Situation:

Gewinn für mich:	Gewinn für meinen Partner:

STEPHEN R. COVEY

»WIN-WIN IST DIE EINZIGE OPTION,
WENN SIE EINE LANGE,
GLÜCKLICHE BEZIEHUNG
FÜHREN WOLLEN.«

5. Weg: Erst verstehen, dann verstanden werden

Wie Kommunikation in einer Beziehung funktioniert

JOHN: *Erst verstehen, dann verstanden werden:* Beim 5. Weg geht es darum, dass wir unserem Partner mit der festen Absicht zuhören, zu verstehen, was er denkt und fühlt. Dass wir mit unserem *Herzen* und unseren *Augen* zuhören und nicht nur mit unseren *Ohren*. Erst, wenn der Partner sich wirklich verstanden fühlt, sind wir mit Reden an der Reihe. Leider tun viele genau das Gegenteil: Sie ergreifen zuerst das Wort, unterbrechen den anderen und hören kaum oder gar nicht zu.

JANE: Wenn wir uns nicht die Mühe machen, den anderen wirklich zu verstehen, kann das sehr traurige Folgen haben. Das zeigt auch die Geschichte von James:

> *James wuchs auf einer kleinen Milchfarm auf. Er war das jüngste Kind. Als er 14 Jahre alt war, waren alle seine älteren Geschwister ausgezogen. Nur James war noch da. Jetzt war er der Einzige, der seinem Vater bei der harten Arbeit auf der Farm zur Hand ging. Tag für Tag schufteten die beiden Seite an Seite. Dabei wechselten sie kaum ein Wort. Und wenn doch, dann sprachen sie über die Arbeit, aber nie über ihre Gefühle. James liebte Bücher und hasste die Arbeit auf der Farm. Doch seinem Vater sagte er nichts davon. Er fieberte dem Tag entgegen, an dem er endlich volljährig wurde und tun und lassen konnte, was er wollte. Als er 18 wurde, machte er sich sofort auf den Weg ins College. Er verließ die kleine Stadt, die Farm und seine Familie. James kehrte nie mehr zurück. Seine Eltern waren gute, fleißige Menschen – gut bis ins Mark. Doch sie erfuhren nie, wer James wirklich war und weshalb er den Kontakt zu ihnen abgebrochen hatte.*

Was für eine Tragödie! Ist es tatsächlich möglich, Seite an Seite mit jemandem zu leben und doch nie zu erfahren, wie er sich wirklich fühlt? Was passiert, wenn Menschen sich nicht offen und ehrlich über ihre Gefühle austauschen? Meist fühlen sie sich nicht verstanden. Innerlich sind sie höchstwahrscheinlich einsam. Eine lange, glückliche Beziehung ist so nicht möglich.

JOHN: Kommunikation ist die Grundvoraussetzung, um die Gefühle anderer zu verstehen. Warum das so wichtig ist? Weil wir die Welt nicht in derselben Weise sehen oder erleben wie der andere. Wenn wir dem 5. Weg folgen, sagen wir zu unserem Partner: »Ich will dich verstehen. Deshalb will ich dir zuerst zuhören, bevor ich selbst etwas sage. Nur so kann ich deinen Standpunkt und deine Gefühle richtig nachvollziehen. Mir ist wichtig zu wissen, wie du die Dinge siehst. Und ich wünsche mir auch, dass du verstehst, wie ich die Dinge sehe. Ich möchte, dass wir offen über unsere Gefühle sprechen.«

Was passiert, wenn man nicht über seine Gefühle spricht?

JANE: Ich möchte Ihnen die Geschichte eines jungen Recruiters und seiner Frau erzählen. Diese Geschichte hätte leicht mit einer Scheidung enden können:

Jamal arbeitet als Recruiter für ein international agierendes Unternehmen. Seine Frau Chantel und er sind seit drei Jahren verheiratet. Die beiden haben einen 18 Monate alten Sohn. Jamal ist intelligent und fleißig; Chantel liebt ihn und glaubt an ihn. Das letzte Jahr war eine große Belastungsprobe für ihre Ehe. Jamal war beruflich viel unterwegs. Bei der Heimkehr von seinen Dienstreisen war er müde und wortkarg. Chantel arbeitet in Teilzeit von zu Hause aus. Sie ist den ganzen Tag allein mit ihrem Sohn zu Hause. Deshalb fühlt sie sich isoliert und einsam. Schließlich ruft sie ihre Mutter in Kalifornien an:

»Mama, du weißt, wie sehr ich Jamal liebe. Ich bewundere alles an ihm. Aber ich bin einsam. Er spricht nicht mit mir. Wenn er von seinen Dienstreisen zurück ist und ich ihn frage, wie es war, zuckt er nur mit den Schultern. Jamal erzählt mir nichts von seiner Welt. Er öffnet sich nicht. Das macht mich traurig. Ich möchte mit meinem Mann reden. Seine Arbeit interessiert mich, aber er grenzt mich aus.

Jamal sagt mir auch nie, dass er mich vermisst. Er sagt auch nie: ›Ich liebe dich!‹ Ich weiß gar nicht, ob Jamal mich überhaupt noch liebt. Deshalb denke ich ernsthaft darüber nach, ihn zu verlassen und mit dem Kleinen zu euch nach Hause zurückzukommen.«

Schon bald ruft Chantel ihre Mutter wieder an. Inzwischen haben die Spannungen zwischen Chantel und Jamal weiter zugenommen und belasten beide schwer:

»Jamal war eine ganze Woche auf Dienstreise. Als er gestern zurückkam, hat er wieder nicht mit mir gesprochen. Da habe ich beschlossen, ihn zu verlassen. Doch dann ist etwas passiert: Ich saß auf dem Sofa im Wohnzimmer und hatte das Babyphone neben mir. Jamal kam rein, ging wortlos an mir vorbei und direkt zu Justin ins Kinderzimmer. Er schloss die Tür, doch über das Babyphone konnte ich hören, was er zu unserem schlafenden Sohn sagte: ›Ich liebe dich und deine Mutter mehr als alles auf der Welt. Es tut mir so leid, dass ich so oft nicht bei euch sein kann. Ohne euch könnte ich nicht leben! Aber ich kann das deiner Mutter einfach nicht sagen. Ich schaffe es nicht, über meine Gefühle zu sprechen.‹«

Chantel war zu Tränen gerührt. Als Jamal aus dem Kinderzimmer herauskam, umarmte sie ihn und sagte: »Ich liebe dich – und ich weiß: Unsere Ehe ist es wert, dass wir alles dafür tun, um sie zu erhalten! Bitte lass uns in Zukunft mehr miteinander reden!«

Was können Paare tun, um sich auszutauschen, sich wirklich zuzuhören und mehr über die Gedanken und Gefühle des anderen zu erfahren? Es braucht Geduld. Es braucht die richtigen Fähigkeiten. Und es braucht Zeit. Bitte warten Sie nicht, bis die Krise da ist. Sprechen Sie mit Ihrem Partner über Ihre Gefühle. Tun Sie es jetzt!

Schweigen oder sprechen?

JOHN: Fragen Sie sich gerade: Sollte man wirklich alles offen ansprechen? Was ist beispielsweise, wenn mein Partner etwas tut, was mich nervt oder auf die Palme bringt? Wann sollte man Dinge, die einem gegen den Strich gehen, zur Sprache bringen? Und wann ist es besser, nichts zu sagen und sich einfach damit abzufinden?

Falls das, was Sie nervt, im Kern Ihr eigenes Problem ist, dann behalten Sie es für sich. Aber wenn das, was Sie aufregt, Ihrer Beziehung

JOHN COVEY

»WIR MÜSSEN LERNEN,
WOLLEN UND HANDELN.
LERNEN, WOLLEN UND HANDELN –
IMMER UND IMMER WIEDER.«

schadet, sprechen Sie es diplomatisch unter vier Augen an. Beherzigen Sie anschließend den 5. Weg – zuhören, zuhören und nochmal zuhören.

STEPHEN: Schildern Sie dem anderen Ihr Problem. Suchen Sie dann gemeinsam nach einer Lösung, einer *3. Alternative*. Nehmen wir an, Ihr Partner hat kaum Zeit, um in Ruhe mit Ihnen zu sprechen. Ist das für Sie persönlich ein Problem? Dann sollten Sie das Ihrem Partner sagen. Vielleicht ist er eher schweigsam und introvertiert? Dann sollten Sie mehr Geduld und mehr Verständnis für ihn aufbringen. Wenn Sie den 5. Weg beherzigen, das Problem einfühlsam ansprechen und Ihrem Partner wirklich zuhören, wird sich die Situation für Sie beide nach und nach verbessern.

Es gibt Grund zur Hoffnung!

SANDRA: Als wir jung verheiratet waren, hatten wir sehr klare Vorstellungen von unseren jeweiligen Rollen. Die Frau macht dies; der Mann macht das. Doch dann bekam unsere älteste Tochter Cynthia ihr erstes Kind. Sie und das Baby lebten eine Weile bei uns im Haus. Eines Tages kam Stephen mit dem Baby im Arm die Treppe runter, badete es, wickelte es und zog es an. Als ich das sah, wurde ich fast ohnmächtig.

Ich fragte Stephen: »Meine Güte, wo ist Cynthia?«

Er antwortete: »Oh, ich gönne ihr noch ein wenig Schlaf.«

Ich war perplex. Noch nie im Leben hatte Stephen so etwas getan. Ich erinnere mich noch an die Sonntage, an denen ich völlig außer mir war. Ich hatte eine ganze Schar kleiner Kinder. Trotzdem wollte ich, dass wir zumindest einmal in der Woche an einem hübsch gedeckten Tisch in Ruhe gemeinsam ein richtig leckeres Essen genießen konnten. Ganz allein bereitete ich alles vor, deckte den Tisch, kochte und passte nebenbei auch noch auf die Kinder auf. Und was machte Stephen? Er setzte sich ins Auto, hörte Radio und hupte!

Ich hätte ihn umbringen können. Aber mit den Jahren wurde er anders. Beispielsweise hatte er die Idee mit dem *Zehn-Minuten-Programm*. Nach dem Abendessen stand er auf und rief: »Zeit für das Zehn-Minuten-Programm!« Das bedeutete, dass jeder von uns zehn Minuten lang mit voller Kraft aufräumen sollte. Ob das Einräumen der Geschirrspülmaschine oder das Fegen des Küchenbodens: Wenn alle mit anpackten, war es im Nu wieder sauber und ordentlich.

Im Leben und in der Ehe lernen wir und verändern uns. Je mehr Zeit vergeht und je mehr Einzahlungen wir auf unseren emotionalen Beziehungskonten vornehmen, desto besser können wir auch über schwierige Themen sprechen. Manchmal wenden sich die Dinge auch ganz von selbst zum Besseren. Wie ich schon sagte: Am Ende bekam ich für meine Abendessen tosenden Applaus von der ganzen Familie. Oft benötigt es etwas Zeit, bis sich die Dinge und die Menschen ändern. Es gibt also auf jeden Fall Grund zur Hoffnung!

STEPHEN: Ich brauchte 50 Ehejahre, um zu lernen, was Sandra eben beschrieben hat. Meine Liebe zu Sandra ist unendlich viel größer als zu Beginn. Und damals dachte ich schon, mehr Liebe ginge gar nicht.

5 Schritte, um den anderen wirklich zu verstehen

Wie hört man zu, um zu verstehen, wie sich der andere wirklich fühlt? Die folgenden fünf Schritte sind der Schlüssel für gute, einfühlsame Kommunikation mit Ihrem Partner:

1. Nehmen Sie sich die Zeit, um öfter miteinander zu sprechen. Führen Sie Ihre Gespräche in Ruhe und ganz allein unter vier Augen.
2. Fallen Sie dem anderen nicht ins Wort.
3. Sprechen Sie nicht über sich selbst.
4. Kritisieren Sie nicht und erteilen Sie keine Ratschläge.
5. Hören Sie zunächst einfühlsam zu und sprechen Sie erst danach.

Türöffner erleichtern die Kommunikation

»Türschließer« verhindern gute Kommunikation und gegenseitiges Verstehen. Wenn Sie wollen, dass Ihr Partner sich Ihnen gegenüber öffnet und über seine wahren Gefühle spricht, sollten Sie die unten aufgeführten Türschließer vermeiden. Verwenden Sie stattdessen »Türöffner«.

Türschließer	Türöffner
VERHÖREN Bohrende Fragen stellen, ständig nachhaken und den anderen regelrecht verhören.	**KLÄREN** Klärende Fragen stellen, um richtig zu verstehen, was der andere wirklich meint.
BEWERTEN Beurteilen und den anderen ohne lange nachzudenken kritisieren.	**OBJEKTIV SEIN** Kein Urteil über die andere Person fällen.
BELEHREN Ungefragt irgendwelche neunmalklugen Ratschläge erteilen.	**UNTERSTÜTZEN** Ratschläge nur auf ausdrücklichen Wunsch geben.
UNTERBRECHEN Den anderen immer wieder unterbrechen, um selbst das Wort zu ergreifen.	**ZUHÖREN** Dem anderen aufmerksam mit den Ohren, den Augen und dem Herzen zuhören.
HETZEN Ungeduldig oder in Eile sein oder sich gar keine Zeit für Gespräche mit dem Partner nehmen.	**ZEIT HABEN** Sich ausreichend Zeit nehmen, um dem anderen in aller Ruhe zuzuhören.

Probieren Sie es aus. Nutzen Sie in Ihrem nächsten Gespräch mit Ihrem Partner die oben aufgelisteten Türöffner. Sie werden sehen: Gute Gespräche mit dem Partner kann man üben. Was aber noch viel wichtiger ist: *Der andere muss spüren, dass Ihnen tatsächlich etwas an ihm liegt.* Ihre ehrliche Absicht, ein guter Zuhörer zu sein und den anderen wirklich zu verstehen, zählt weitaus mehr als Ihre kommunikativen Fähigkeiten!

Zeit zum Zuhören

Wir haben ja bereits erwähnt, wie wichtig und wertvoll Zeit zu zweit mit Ihrem Partner ist. Das gilt ganz besonders fürs Zuhören.

JANE: Vielleicht ergibt sich ein gutes Gespräch, wenn abends Ruhe eingekehrt ist, sie gemeinsam im Bett liegen und sich gegenseitig Ihr Herz ausschütten. Vielleicht ergibt es sich auf einem Spaziergang oder bei einer Tasse Tee am Abend, wenn die Kinder schlafen, der Fernseher aus ist und keiner von Ihnen beiden zu müde ist, um dem anderen noch aufmerksam zuzuhören. Die Grundvoraussetzung ist, dass Sie die Gespräche mit Ihrem Partner schätzen, gut planen und dann auch tatsächlich führen. Kurzum: Schaufeln Sie sich die Zeit für Ihre Gespräche bewusst frei.

Das Geheimnis guter Kommunikation

JOHN: Jetzt will ich Ihnen das Geheimnis guter Kommunikation verraten. Es ist ein simpler Holzstock – der sogenannte *Talking Stick*. Das Konzept dahinter ist sehr einfach, aber unglaublich effektiv. Ursprünglich stammt es von den amerikanischen Ureinwohnern: Die Person, die den Talking Stick in den Händen hält, spricht. Solange diese Person redet, sagt niemand anderer auch nur ein Wort. Erst, nachdem die Person geendet hat, wiederholt der andere in eigenen Worten, was er verstanden hat. Nur wenn sich der Sprecher wirklich verstanden fühlt, gibt er den Talking Stick an jemand anderen weiter.

Die Indianer machen es schon immer so – und es ist ein hervorragendes Mittel, um die Kommunikation mit dem Partner zu verbessern und die Beziehung zu stärken.

»SIE KÖNNEN IHREM PARTNER NICHT
ZUHÖREN UND IHN VERSTEHEN,
SOLANGE SIE GLEICHZEITIG MIT DEM HANDY SPIELEN,
AUF DEM SOFA SITZEN UND FUSSBALL SCHAUEN
ODER DIE KINDER UM SIE HERUMTURNEN.«

JANE P. COVEY

EXKURS: Was kann man tun, wenn die Kommunikation trotz aller Bemühungen nicht funktioniert und man sich plötzlich im Streit mit einer geliebten Person wiederfindet?

STEPHEN: Es liegt an Ihnen, wie Sie reagieren. Sie können sich für Mitgefühl und Empathie entscheiden. Haben Sie etwas zu Ihrem Partner gesagt, das ihn verletzt hat? Oder hat er im Eifer des Gefechts etwas geäußert, dass Sie ärgert oder aufregt? Wie wäre es, wenn Sie das Ganze einfach als Missverständnis betrachten? Sehen Sie es als Einladung, mehr darüber herauszufinden, warum Sie gerade so aneinander vorbeireden. Mir gefällt diese Idee! Sie haben die Macht zu entscheiden: Möchten Sie beleidigt oder verletzt reagieren? Oder wollen Sie die Geschichte verstehen, die Ihnen die geliebte Person erzählen will? Ein Augenblick der Spannung muss nicht im Streit enden. Ganz im Gegenteil: Wenn Sie ihn als Gelegenheit sehen, Synergie zu schaffen, kann er die Verbindung zwischen Ihnen sogar stärken.

Wissen Sie wirklich schon alles über Ihren Partner?

JOHN: In unserer schnelllebigen, lösungsfixierten Welt verlieren wir oft das große Ganze aus dem Blick. Wir haben nicht die Geduld, um uns die Geschichten anderer anzuhören. Stattdessen denken wir, dass wir bereits alles wüssten. Eines der größten Hindernisse beim Aufbau von Beziehungen ist, dass wir oft keinen klaren, vollständigen Einblick in das Herz, die Gedanken und die Erfahrungen der anderen Person erhalten. Das ist besonders in der Partnerschaft problematisch. Manche glauben bereits nach ein paar Wochen oder Monaten, sie wüssten bereits alles über ihren Partner. Besonders verbreitet ist dieser Irrglaube bei Paaren, die schon lange zusammen sind. Viele denken, dass sie den andern in- und auswendig kennen. Die Folge ist ein *Empathiedefizit*. Wir hören nicht richtig zu. Wir versuchen nicht herauszufinden, was der andere uns tatsächlich sagen will. Wir gehen seinen Gedanken und Gefühlen nicht auf den Grund. Wir erteilen voreilig Ratschläge, kommen mit Patentlösungen um die Ecke oder wir verschließen uns und ignorieren die wahren Bedürfnisse unseres Partners. Und dann? Dann wundern wir uns, wenn unsere Beziehung nicht glücklich ist.

Der 5. Weg in der Praxis

JOHN: Einfühlsames Zuhören kann man sehr gut trainieren. Lassen Sie es uns also gleich versuchen. Beherzigen Sie dabei die folgenden 3 Leitlinien:

3 Leitlinien für einfühlsames Zuhören

- Hören Sie mit Ihren Ohren, Ihren Augen und Ihrem Herzen zu. Achten Sie auch auf Körpersprache, Intonation und Wortwahl.
- Hören Sie bewusst zu. Häufig brauchen Sie dabei gar nichts zu sagen.
- Geben Sie mit Ihren eigenen Worten wieder, was die andere Person sagt und fühlt.

ÜBUNG

Achten Sie auf Inhalt und Gefühl

Um einfühlsam zuzuhören, sollten Sie Folgendes tun:

1. Beschreiben Sie mit Ihren eigenen Worten das *Gefühl*, dass die andere Person Ihnen vermitteln will.
2. Fassen Sie den *Inhalt* dessen, was die andere Person sagt, zusammen.

Hier ein Beispiel:

»Du wirkst

(*Gefühl* – beispielsweise verärgert, frustriert, traurig, angespannt, nervös, betreten, verwirrt, entmutigt …),

weil

(*Inhalt* – Thema oder Botschaft des Gesagten).«

Versuchen Sie es gleich selbst. Formulieren Sie eine einfühlsame Antwort auf die folgende Aussage:

Partner: »Müssen wir wirklich jedes Wochenende zu deinen Eltern fahren?«

Antwort: »Du wirkst , weil

.«

Heikle Themen ansprechen

Wenn Sie ein heikles Thema ansprechen wollen, sollten Sie auf »Du«-Botschaften verzichten. Denn das führt dazu, dass der andere sich schnell angegriffen und kritisiert fühlt. Verwenden Sie »Ich«-Botschaften, um Ihrem Partner Ihre Gefühle zu vermitteln:

- »Du«-Botschaft: »*Du* machst alles ohne mich.« (Angriff / Kritik)
- »Ich«-Botschaft: »*Ich* habe das Gefühl, dass *ich* hier nicht gefragt bin.« (Gefühl / Feedback)

Probieren Sie es jetzt aus. Gehen Sie dabei in zwei Schritten vor:

1. Schritt: Wenn ich ______________________ (merke, dass du lieber allein Sport machst),

2. Schritt: fühle ich mich ______________________ (traurig / ausgeschlossen / überflüssig …).

STEPHEN R. COVEY

»OFT ERTEILEN WIR DEM ANDEREN
ÜBERSTÜRZT RATSCHLÄGE,
OHNE UNS ZUVOR DIE MÜHE ZU MACHEN,
DAS PROBLEM WIRKLICH ZU VERSTEHEN.
DAS IST, ALS WÜRDEN WIR DER ANDEREN PERSON
UNSERE BRILLE AUF DIE NASE DRÜCKEN,
DAMIT SIE BESSER SEHEN KANN.«

6. Weg: Synergien schaffen

Unterschiede schätzen und zusammen mehr erreichen

JOHN: *Synergien schaffen:* Was bedeutet das genau? Kurz gefasst heißt es: 1 + 1 = 3 oder sogar noch mehr. Ein gutes Beispiel für Synergie ist unser Körper. Er ist mehr als nur die Summe aus Händen, Armen, Füßen und Beinen, Gehirn und Herz. Unser Körper ist ein synergetisches Ganzes, das viele erstaunliche Dinge leistet, weil die einzelnen Teile so gut zusammenarbeiten.

Synergie ist kreative Teamarbeit. Sie lebt von den Unterschieden und der Vielfalt. Der Grundgedanke, auf dem Synergie beruht, lautet: *Gemeinsam sind wir weitaus besser als jeder für sich.* Zusammen können wir viel mehr zustande bringen als allein. Doch solange jeder allein vor sich hin werkelt und meint, die Weisheit für sich gepachtet zu haben, bleibt in einer Beziehung kein Raum für Synergie.

Synergie heißt nicht ...	**Synergie heißt ...**
... Unterschiede lediglich zu tolerieren,	... Unterschiede zu schätzen und zu feiern,
... zu denken, dass man selbst immer im Recht ist,	... offen für die Meinung und die Ideen anderer zu sein,
... einsam und allein nach einer Lösung für Probleme zu suchen,	... gemeinsam als Team völlig neue Lösungen für ein Problem zu finden,
...Kompromisse zu schließen. Denn hier gilt: 1 + 1 = 1½.	... eine 3. Alternative zu schaffen. Das heißt: 1 + 1 = 3 oder sogar noch viel mehr.

◗ EXKURS: Wenn es schwierig wird – vom Umgang mit unüberbrückbaren Differenzen

STEPHEN: In vielen Fällen sind ein grober Vertrauensbruch, Untreue oder körperliche Gewalt der Auslöser für eine Trennung oder eine Scheidung. Häufig geht einer Trennung auch ein zermürbendes Entweder-oder-Denken voraus. Es bilden sich Fraktionen: meine Seite gegen deine Seite; meine Meinung gegen deine Meinung. Manche Beziehungen verkommen zu übellaunigen Debattierklubs. Doch so wird aus Liebe schnell tiefe Verachtung.

In manchen Beziehungen sind mehr oder weniger offene Formen der emotionalen Misshandlung an der Tagesordnung. Unterschwellige Sticheleien, Kritteleien und Lästereien münden in einem ungesunden Wettbewerb, wer dem anderen stärker zusetzen kann: »Würdest du mich lieben, hättest du schon lange die Garage aufgeräumt.« Oder: »Ich schufte rund um die Uhr – und was bekomme ich zum Dank von dir?« Fast unmerklich wachsen die Mauern, bis am Ende das kalte Schweigen oder sogar der blanke Hass vorherrscht.

»Unüberbrückbare Differenzen« wird am häufigsten als Scheidungsgrund angegeben. Das kann eine ganze Bandbreite von Problemen umfassen – finanzielle, emotionale, soziale oder sexuelle. Doch am Ende geht es dabei immer um eins: *Unterschiede werden bekämpft und nicht geschätzt!* Die Trennung wird zum einzigen Hoffnungsschimmer im tristen Beziehungsalltag.

Glückliche Beziehungen dagegen entstehen nur, wenn beide Partner die Unterschiede schätzen. Dann werden die verschiedenen Kulturen, Fähigkeiten, Stärken und Eigenheiten zum Quell der Freude und Kreativität.

Wenn zwei Menschen ein Paar werden, haben sie die Möglichkeit, eine 3. Alternative zu schaffen – eine einzigartige Beziehungs- und Familienkultur, wie es sie niemals zuvor gegeben hat. Jenseits seiner angeborenen individuellen Merkmale bringt jeder Partner auch eigene Überzeugungen, Normen, Werte, Traditionen, Umgangsformen oder Kommunikationsmuster in die Beziehung ein. Der eine stammt vielleicht aus einer Familie, in der die Beziehungen tief, aber ein wenig distanziert sind. Hier werden Konflikte unterdrückt oder im Stillen geklärt. Der andere kommt womöglich aus einer Familie, in der die Beziehungen liebevoll, aber enorm emotional sind. Hier brechen Konflikte aus wie Vulkane. Im Nu fallen sie wieder in sich zusammen und werden schnell vergessen.

Einer meiner Seminarteilnehmer meinte: »Meine Frau zu heiraten, war wie der Umzug in ein anderes Land. Die Gewöhnung an die fremden Sitten und Gebräuche war anfangs ein spannender Prozess. Ihr ging es genauso. Mittlerweile wissen wir, dass die Entdeckungen niemals aufhören. Das ist das größte Glück und das größte Abenteuer von allen.«

Zwei Grundvoraussetzungen für Synergie

JOHN: Wenn man Synergie in einer Beziehung schaffen will, muss man sich auf *unbekanntes Terrain* wagen. Man weiß nicht, was letztlich herauskommen wird. Das »Ende«, das man am Anfang im Sinn hat, ist ja nicht das eigene. Aber eins ist sicher: Das Ergebnis wird viel besser sein als alles, was man selbst eingebracht hat.

Aber wie können zwei Menschen Synergie schaffen, wenn sie so gut wie alles mit anderen Augen sehen? Wie lautet das Geheimnis? Wie kann es funktionieren? Dazu sind zwei Dinge entscheidend:

1. Bringen Sie sich gegenseitig ehrliche Wertschätzung entgegen.
2. Erkennen Sie die jeweiligen Stärken des anderen an. Jeder hat seinen Wert und seine ganz eigenen Talente und Fähigkeiten.

JANE: Vor einiger Zeit hielten John und ich auf Hawaii einen mehrtägigen Workshop über die »Die 7 Wege für Familien«. Dabei sprachen wir auch darüber, wie hilfreich es ist, wenn Partner und Familienmitglieder ihre verschiedenen Stärken kennen, schätzen und nutzen, um Synergie zu schaffen. Unter den Teilnehmern war auch ein Militärgeistlicher der US-Army. Sein Name war Abdulla – um ihn geht es in der folgenden Geschichte:

Nach dem ersten Workshop-Tag setzte Abdulla die Idee, die Stärken der einzelnen Familienmitglieder zu entdecken, sofort bei sich zu Hause in die Tat um. Er nahm einen großen Bogen Pergamentpapier und befestigte ihn an der Wohnzimmerwand. Dann schrieb er den Namen seiner Frau, die Namen seiner Kinder und seinen eigenen Namen auf das Pa-

pier. Anschließend verteilte er farbige Stifte an seine Kinder. Er bat sie, unter jedem Namen eine Stärke zu notieren, die ihnen spontan zu der jeweiligen Person einfiel.

Am nächsten Tag brachte Abdulla den großen Papierbogen mit in den Workshop.

Er sagte: »Unter den Namen meiner Frau hatten die Kinder geschrieben: ›Mama ist die Beste! Sie ist immer für mich da … Sie ist liebevoll … Mama ist geduldig und hört mir zu …‹ Als meine Frau das sah, musste sie fast weinen. Sie war sehr gerührt und meinte: ›Ich hätte nicht gedacht, dass mich irgendwer in dieser Familie so sehr schätzt und so gern hat!‹ Und auch ich war den Tränen nahe, als ich las, was die Kinder über meine Frau geschrieben hatten.«

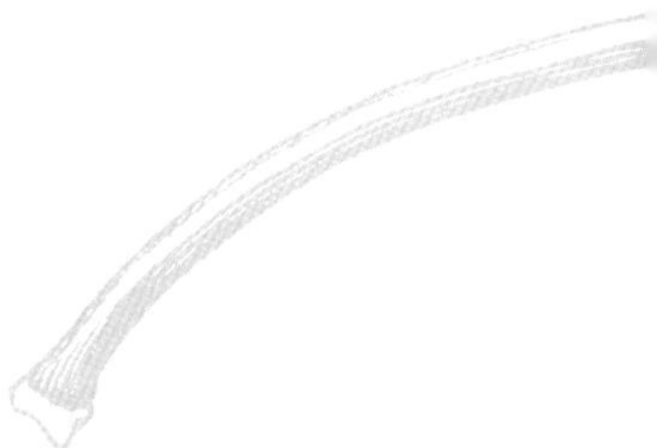

JANE R. COVEY

»FALLS DIE PARTNER UNTERSCHIEDE ALS BEDROHLICH EMPFINDEN, HABEN SIE EIN PROBLEM. WENN SIE HINGEGEN SPASS AN IHREN UNTERSCHIEDEN HABEN, BEGEISTERT VONEINANDER LERNEN UND OHNE VORURTEILE DAS NEUE AM ANDEREN ENTDECKEN, WIRD IHRE BEZIEHUNG GEDEIHEN!«

Der 6. Weg in der Praxis

JOHN: Nun wollen wir das, was Sie eben gelesen haben, gleich praktisch umsetzen.

Synergie entsteht, wenn Sie und Ihr Partner Ihre einzigartigen Stärken zusammenlegen. Denn gemeinsam sind Sie besser als jeder für sich allein! Dabei sollten Sie die 2 Grundregeln der Synergie beherzigen:

1. Sich gegenseitig ehrliche Wertschätzung entgegenbringen

Jeder Mensch möchte spüren, dass er geschätzt und geliebt wird. Denken Sie an Ihren Partner und vervollständigen Sie die folgenden Sätze:

1. Was ich an dir am meisten bewundere, ist

2. Etwas, was ich von dir gelernt habe, ist

3. Besonders gern erinnere ich mich daran, wie du

2. Die jeweiligen Stärken des anderen anerkennen

Jeder von uns hat ganz eigene Stärken, Fähigkeiten und Talente. Im Idealfall gleichen die jeweiligen Stärken des einen Partners die jeweiligen Schwächen des anderen aus. So profitieren beide gegenseitig von ihren individuellen Stärken. Also, finden Sie heraus, wo Ihre und die Stärken Ihres Partners liegen. Überlegen Sie:

Welche Stärken fallen Ihnen ein, die Ihr Partner in Ihre Beziehung einbringt? Und: Und Welche Stärken bringen Sie selbst in Ihre Partnerschaft ein? Tragen Sie die entsprechenden Punkte gleich in die Tabelle ein:

Meine Stärken	**Stärken meines Partners**

Weshalb sind Ihre unterschiedlichen Stärken eine Bereicherung für Ihre Beziehung?

____

____

____

____

»DEFINIEREN SIE IHREN PARTNER NIEMALS ÜBER SEINE SCHWÄCHEN. DEFINIEREN SIE IHN ÜBER SEINE STÄRKEN!«

JANE P. COVEY

Wenn Sie alle Stärken gesammelt haben, übertragen Sie die Punkte auf zwei große Blätter: Auf dem einen Blatt notieren Sie die Stärken Ihres Partners und auf das andere schreiben Sie Ihre eigenen Stärken. Hängen Sie die beiden Listen an einer Stelle auf, wo Sie sie jeden Tag zu Gesicht bekommen. Lesen Sie sie, denken Sie darüber nach und sprechen Sie mit Ihrem Partner darüber. Überlegen Sie gemeinsam, wie Sie mit Hilfe Ihrer jeweiligen Stärken Synergie schaffen und 3. Alternativen entwickeln können. Halten Sie sich nicht länger mit Ihren Schwächen auf – konzentrieren Sie sich konsequent auf Ihre Stärken.

7. Weg: Die Säge schärfen

Die Beziehung gemeinsam frisch und lebendig halten

JOHN: *Die Säge schärfen.* Die folgende Geschichte zeigt Ihnen, was genau es mit dem 7. Weg auf sich hat:

> *Stellen Sie sich vor, Sie gehen durch den Wald und treffen dabei auf jemanden, der verzweifelt versucht, einen Baumstamm durchzusägen.*
>
> *»Was machen Sie denn da?«, fragen Sie.*
>
> *»Das sehen Sie doch. Ich säge Holz. Das brauche ich für meinen Kamin.«*
>
> *»Und wie lange rackern Sie sich schon damit ab?«*
>
> *»Drei, vielleicht vier Stunden. Das ist eine echte Plagerei. Ich bin total fertig und vollkommen aus der Puste.«*
>
> *»Kommen Sie denn voran?«*
>
> *»Nein, nicht wirklich.«*
>
> *»Warum machen Sie denn keine Pause, um die Säge zu schärfen?«*
>
> *»Sie sind witzig. Dafür habe ich wirklich keine Zeit. Ich muss doch fertig werden, bevor es dunkel wird!«*

Wir alle wissen: Wenn der Mann sich 15 Minuten Zeit nehmen würde, um seine Säge zu schärfen, wäre er vermutlich doppelt oder sogar dreimal so schnell fertig.

Erneuerung für Körper, Verstand, Herz und Seele

Der 7. Weg handelt davon, dass Sie gut für sich selbst sorgen. Dazu gehört auch, dass Sie auf Ihre Beziehung achtgeben und sie hegen und pflegen. Aber sprechen wir zuerst nicht über Ihre Beziehung, sondern über *Sie*. Denken Sie an die Sicherheitsanweisungen im Flugzeug: In einem Notfall fallen Sauerstoffmasken von der Decke. Sie werden gebeten, sich zuerst selbst Ihre Sauerstoffmaske überzuziehen. Erst danach sollen Sie anderen helfen, ebenfalls eine Maske anzulegen. Warum zuerst Ihre eigene Maske? Weil Sie anderen nur helfen können, wenn Sie *zuvor* für sich selbst gesorgt haben.

Die meisten wissen, wie wichtig ausreichend Bewegung ist, um den *Körper* fit und gesund zu halten. Aber wir sind viel mehr als nur unser Körper. Wir haben auch einen *Verstand*, den wir trainieren, ein *Herz*, auf das wir achtgeben, und eine *Seele*, die wir pflegen müssen. Deshalb geht es beim 7. Weg darum, dass Sie sich in allen 4 Dimensionen des menschlichen Seins regelmäßig erneuern und stärken.

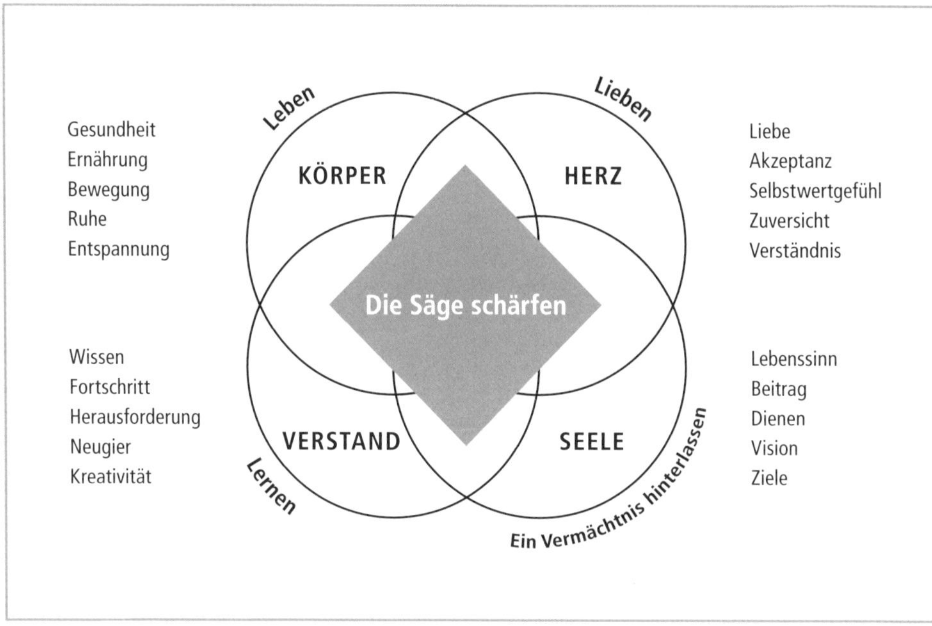

QUIZ

Wie gut sorgen Sie für sich selbst?

Körper, Verstand, Herz und Seele: Wie gut sorgen Sie in allen diesen Bereichen für sich selbst? Dieses Quiz hilft Ihnen, es herauszufinden. Bitte lesen Sie die folgenden Fragen. Notieren Sie zu jeder Frage den ersten Gedanken, der Ihnen dazu einfällt:

1. Welche *eine* Sache sollten Sie für Ihren *Körper* tun, die Sie gegenwärtig nicht tun?:

2. Welche *eine* Sache sollten Sie in Bezug auf Ihre Beziehung für Ihr *Herz* tun, die Sie gegenwärtig nicht tun?

3. Welche *eine* Sache sollten Sie für Ihren *Verstand* tun, die Sie gegenwärtig nicht tun?

4. Welche *eine* Sache sollten Sie für Ihre *Seele* tun, die Sie gegenwärtig nicht tun?

5. Welche Dinge fallen Ihnen noch ein?

Jetzt wissen Sie, was Sie tun können, um die Säge zu schärfen. Nun kommen wir zu den Dingen, die Sie besser *unterlassen* sollten. Dinge, die Sie möglicherweise daran hindern, Ihre Säge zu schärfen. Notieren Sie auch hier wieder den ersten Gedanken, der Ihnen durch den Kopf geht, nachdem Sie die Frage gelesen haben:

1. Welche *eine* Sache sollten Sie Ihrem *Körper* nicht länger antun?

⇨

2. Welche *eine* Sache in Bezug auf Ihre Beziehung sollten Sie Ihrem *Herzen* nicht länger antun?

3. Welche *eine* Sache sollten Sie Ihrem *Verstand* nicht länger antun?

4. Welche *eine* Sache sollten Sie Ihrer *Seele* nicht länger antun?

5. Welche Dinge fallen Ihnen noch ein, die Sie sich nicht länger antun wollen?

Anfangen, aufhören oder fortführen?

Überlegen Sie sich in jedem Bereich eine Sache, die Sie anfangen, aufhören oder fortführen möchten. Bitte tragen Sie Ihre Antworten in die Kreise unten ein.

So erneuern Sie Ihre Beziehung

JANE: Sprechen wir jetzt darüber, wie Sie Ihre Beziehung erneuern können. Eine tiefe Nähe ist entscheidend dafür, dass Ihre Beziehung für beide Partner lebendig und bedeutsam bleibt. Natürlich ist diese Nähe nicht auf Körperliches beschränkt. Sie betrifft alle 4 Dimensionen des menschlichen Seins.

Die 4 Dimensionen des menschlichen Seins

- Körper: physische Dimension
- Verstand: mentale Dimension
- Herz: sozial-emotionale Dimension
- Seele: spirituelle Dimension

Woher beziehen Paare heute ihre Vorstellung, wie eine glückliche, stabile Beziehung sein soll? Und: Worauf basiert *Ihre Vorstellung*, wie *Ihre Beziehung* im Idealfall aussehen sollte? Welchen Einfluss haben Familie, Freunde, Religion, Filme, Magazine oder soziale Medien auf Sie? All diese Dinge können unsere Sicht von Partnerschaft, Intimität und Nähe beeinflussen. Deswegen ist es so wichtig, dass wir miteinander sprechen. Noch wichtiger ist es, dass wir einander zuhören, um herauszufinden, welche Vorstellung *unsere Partnerin oder unser Partner* im Hinblick auf unsere Beziehung hat.

Nutzen Sie die Gelegenheit, Ihren Partner in einem ruhigen Augenblick zu fragen, was Nähe, Vertrautheit und Intimität für ihn bedeuten. Wahrscheinlich werden Sie überrascht sein, was Sie dann zu hören bekommen.

STEPHEN R. COVEY

»WENN SIE NICHTS FÜR IHREN KÖRPER TUN,
BAUT ER AB. WENN SIE IHR AUTO NICHT PFLEGEN,
VERLIERT ES AN WERT. WENN SIE JEDE FREIE
MINUTE VOR DEM FERNSEHER VERBRINGEN,
NEHMEN IHRE GEISTIGEN FÄHIGKEITEN AB.
WENN SIE IHRE BEZIEHUNG VERNACHLÄSSIGEN,
NIMMT SIE SCHADEN. ALLES,
WAS WIR NICHT BEWUSST PFLEGEN
UND ERNEUERN, WIRD BRÜCHIG,
GERÄT IN UNORDNUNG UND VERKOMMT.«

Der 7. Weg in der Praxis

JOHN: Machen Sie sich selbst und Ihrem Partner ein Geschenk, indem Sie Ihre Säge schärfen. Beginnen Sie gleich damit, indem Sie die folgenden Tipps gemeinsam in die Tat umsetzen:

PARTNERÜBUNG

Die Säge schärfen

- Ermuntern Sie Ihren Partner, einen *gemeinsamen Kalender* mit Ihnen zu führen, um gemeinsame Aktivitäten zu planen.
- Abonnieren Sie *Fachzeitschriften* mit hochwertigen Inhalten, lesen Sie gemeinsam gute *Bücher* oder hören Sie *Hörbücher*.
- Gehen Sie mit Ihrem Partner regelmäßig ins Fitnessstudio oder starten Sie ein gemeinsames *Sport- und Bewegungsprogramm*.
- Entscheiden Sie sich für eine Organisation, in der Sie beide sich *ehrenamtlich betätigen* möchten.
- Erweitern Sie gemeinsam Ihren Horizont und probieren Sie *neue Dinge* aus. Experimentieren Sie beispielsweise in der Küche mit Rezepten aus anderen Ländern oder besuchen Sie ein Museum, das gerade erst eröffnet wurde.

Erneuern Sie sich in allen 4 Dimensionen des menschlichen Seins

Achten Sie darauf, dass Sie für Erneuerung in allen 4 Dimensionen des menschlichen Seins sorgen. *Beginnen Sie noch in dieser Woche!* Die folgenden Anregungen helfen Ihnen dabei:

Erneuern Sie Ihren Körper

Überlegen Sie, was Sie in dieser Woche für Ihren Körper tun wollen. Aber Achtung: Überlegen reicht nicht. Setzen Sie es auch konsequent um:

- Stellen Sie den Wecker, aber nicht fürs Aufstehen, sondern fürs Zubettgehen.
- Finden Sie eine Form der körperlichen Betätigung, die Sie an Ihre Grenzen bringt.
- Erweitern Sie Ihre Trainingsroutine: Ausdauer, Beweglichkeit oder Stärke.
- Melden Sie sich für Ihren Jahresgesundheitscheck an.

Erneuern Sie Ihren Verstand

Überlegen Sie, wie Sie Ihre geistigen Fähigkeiten in dieser Woche ausbauen wollen. Auch hier gilt: Überlegen allein bringt nichts. Umsetzen ist der wahre Schlüssel zum Erfolg:

- Lernen Sie eine Fremdsprache oder erweitern Sie Ihre Computer-Kenntnisse.
- Lesen Sie ein gutes Buch.
- Probieren Sie ein neues Hobby aus.
- Besuchen Sie ein Museum oder eine Kunstausstellung.

Erneuern Sie Ihr Herz

Überlegen Sie, wie Sie Ihre sozial-emotionalen Fähigkeiten in dieser Woche stärken wollen. Setzen Sie Ihre Pläne auch tatsächlich um:

- Laden Sie Freunde zum Essen ein.
- Melden Sie sich bei einem Freund, von dem Sie lange nichts gehört haben.
- Führen Sie ein Dankbarkeitstagebuch.
- Vergeben Sie jemandem.

»WAS SIE FÜR IHRE
ERNEUERUNG TUN,
HAT ENTSCHEIDENDEN EINFLUSS
AUF ALLES ANDERE,
WAS SIE IM LEBEN TUN.«

JOHN COVEY

Erneuern Sie Ihre Seele

Überlegen Sie, wie Sie Ihrer Seele im Laufe dieser Woche etwas Gutes tun können. Blocken Sie gleich einen Termin in Ihrem Kalender, um Ihre Ideen umzusetzen:

- Überarbeiten Sie Ihr persönliches Leitbild.
- Verbringen Sie Zeit in der freien Natur.
- Hören oder machen Sie Musik.
- Engagieren Sie sich in Ihrem gesellschaftlichen Umfeld.

Noch 3 sofort umsetzbare Tipps für Ihre Erneuerung

Halten Sie Smartphone, Internet, E-Mail und Co. im Zaum

- Führen Sie heute mindestens eine konkrete Maßnahme durch, um die Ablenkungen durch elektronische Geräte zu verringern.
- Schalten Sie sämtliche Hinweisfunktionen auf eingehende Nachrichten ab.
- Besuchen Sie die sozialen Medien nur ein einziges Mal am Tag.
- Gewöhnen Sie sich an, während eines Gesprächs Handy, E-Mail-Alarm und Co. stumm zu schalten.
- Schalten Sie alle Ihre Geräte aus, während Sie an Ihren großen Steinen arbeiten.

Nehmen Sie sich Zeit für sich selbst

Geben Sie sich die Erlaubnis, sich heute und an allen anderen Tagen in dieser Woche mindestens 30 Minuten nur für sich selbst zu gönnen.

Erneuern Sie sich gemeinsam mit Ihrem Partner

Notieren Sie eine Aktivität, mit der Sie in dieser Woche Ihre Säge gemeinsam mit Ihrem Partner schärfen wollen. Stimmen Sie gleich einen passenden Termin mit Ihrem Partner ab:

____

____

____

____

____

____

____

____

Ein Versprechen für Ihre Beziehung

JOHN: In der Beziehung zwischen zwei Menschen geht es um Liebe, Nähe, Vertrauen und Verlässlichkeit. Es geht um Geborgenheit, Wertschätzung und Respekt. Wir alle wünschen uns, von unserem Partner geliebt und geschätzt zu werden. Aber der Wunsch allein macht noch lange keine glückliche Beziehung. Kehren wir also nochmal zum Anfang dieses Buches und auch zum Anfang Ihrer Beziehung zurück:

Eine Beziehung ist zu Beginn wie eine *leere Schatztruhe*. Die meisten Menschen gehen mit der irrigen Vorstellung in eine Partnerschaft, in dieser wunderschönen Truhe befände sich bereits alles, wovon sie schon immer geträumt haben: Liebe, Romantik, Geborgenheit, Nähe, Intimität, Freundschaft … In Wahrheit aber ist diese Truhe anfangs leer. *Sie müssen etwas hineinlegen, bevor Sie etwas herausnehmen können.* In der Beziehung ist keine Liebe. Die Liebe ist in den Menschen, und die Menschen legen sie in die Beziehung. In der Beziehung ist keine Romantik. Die Menschen müssen ihre Beziehung erst mit Romantik erfüllen.

Jedes Paar muss die Kunst des Liebens, Gebens, Dienens und Lobens erst entwickeln. Es gilt, das permanente Wiederauffüllen der Truhe zur festen Gewohnheit in einer Beziehung zu machen. Das ist nicht immer leicht. Es kostet Zeit. Es erfordert Engagement. Es macht Mühe. Doch eins können wir Ihnen versprechen: Sobald Sie beginnen, die 7 Wege fest in Ihrem Leben und in Ihrer Beziehung zu verankern, werden Sie Entscheidungen treffen und Gewohnheiten entwickeln, die Ihnen und Ihrem Partner von Tag zu Tag mehr Glück und Zufriedenheit bringen!

JANE: Ich möchte mit folgender Geschichte schließen, in der es um Liebe, Hoffnung und Zuversicht geht.

Als Teresa in die Küche kam, sah sie Victor allein auf seinem Stuhl sitzen und zum Fenster hinausblicken, wo seine Kinder mit den Nachbarskindern spielten. »Ich habe wieder einmal meinen Job verloren, Teresa. Ich scheine für diese Arbeit nicht gemacht zu sein. Ich kann immer noch als Bauarbeiter arbeiten, aber das ist schlecht für meine Knie.«
Victor wirkte unendlich verzweifelt und einsam.

Teresa ging zu ihm hinüber. Sie legte ihren Arm um ihn und sagte: »Wir beide schaffen das. Wir schaffen das!«

Als sie »wir« sagte, heiterte sich Victors Seele auf. Hoffnung und Zuversicht kehrten in sein Herz zurück.

UNSER VERSPRECHEN

»SELBST WENN SIE NUR EINEN
DER 7 WEGE UMSETZEN,
WERDEN SIE SOFORT ERGEBNISSE SEHEN
UND POSITIVE VERÄNDERUNGEN FESTSTELLEN.
ABER ES IST EIN LEBENSLANGES ABENTEUER,
DAS IHNEN EIN LEBEN
VOLLER VERHEISSUNGEN BRINGT.«

STEPHEN R. COVEY

Über die Autoren

Stephen R. Covey hinterließ bei seinem Tod im Jahr 2012 ein beispielloses Vermächtnis zu Themen wie Effektivität, Erfolg, Zeitmanagement, Führung, Liebe, Partnerschaft und Familie. In seinen Selbsthilfebüchern und Businessklassikern ging es ihm darum, den Leserinnen und Lesern die zeitlosen, universellen Prinzipien nahezubringen, die sie zu persönlicher und beruflicher Effektivität führen.

Laut *Time Magazine* zählt der international anerkannte Berater, Führungs- und Familienexperte und Autor zu den 25 einflussreichsten US-Amerikanern. Mit seinen Erkenntnissen und Einsichten hat er Millionen von Menschen bei ihrer beruflichen und persönlichen Weiterentwicklung inspiriert und unterstützt. Sein internationaler Bestseller *Die 7 Wege zur Effektivität* gilt als »das einflussreichste Wirtschaftsbuch des 20. Jahrhunderts«.

Weitere Bestseller von Stephen R. Covey sind *Die 3. Alternative, Der 8. Weg, Die 7 Wege zur Effektivität für Familien* oder *Der Weg zum Wesentlichen*. Bislang wurden mehr als 40 Millionen Exemplare der Bücher von Stephen R. Covey weltweit verkauft. Seine Werke wurden in über 50 Sprachen übersetzt.

Stephen R. Covey studierte Betriebswirtschaftslehre an der Harvard Business School. Anschließend promovierte er an der Brigham Young University. Dort war er viele Jahre als Professor für Organisationsentwicklung und Unternehmensführung tätig. Er lebte mit seiner Frau Sandra und seiner Familie in Utah.

John Covey ist Co-Founder und Leiter des Bereichs *Home and Family* bei FranklinCovey. Er gilt weltweit als einer der führenden Experten auf diesem Gebiet.

Seinen MBA erwarb John Covey an der Harvard Business School und seinen Doktor an der Brigham Young University. John war sieben Jahre lang Universitätsprofessor. Seit über 30 Jahren arbeitet er mit großem Erfolg als Berater für Unternehmensführung, Organisationsentwicklung und Marketing für namhafte Firmen auf der ganzen Welt.

Jane P. Covey ist eine gefragte Vortragsrednerin in den Bereichen Wirtschaft, Erziehung und Familie. Sie ist Co-Autorin von *The Proactive Family Guidebook* und hat zahlreiche Artikel zur Eltern-Kind-Beziehung veröffentlicht. Während der letzten 25 Jahre haben John und Jane zahlreiche Vorträge zum Thema Ehe und Familie vor Tausenden von Teilnehmern aus der ganzen Welt gehalten. John und Jane leben in ihrer Ehe und in ihrer Familie das vor, was sie lehren. Gemeinsam vermitteln sie, wie man mit Hilfe der Prinzipien aus den *7 Wegen zur Effektivität* eine lange, glückliche Beziehung führen und eine starke Familie aufbauen kann.

Über FranklinCovey

FranklinCovey ist ein internationales Beratungs- und Trainingsunternehmen, das auf die Entwicklung von Unternehmens- und Führungskultur spezialisiert ist. Weltweit in 150 Ländern vertreten, berät FranklinCovey mit rund 3500 Beratern Kunden aller Branchen im Bereich der Organisations- und Personalentwicklung, um deren Unternehmenskultur als strategischen Wettbewerbsvorteil aufzubauen.

Programminhalte und Angebote

FranklinCoveys Programme wurden über viele Jahre entwickelt und orientieren sich an wissenschaftlich belegten Verhaltensmustern. Die Inhalte sind darauf ausgelegt, Führungskräften und Mitarbeitern prinzipienorientierte Einstellungen und wichtige Kompetenzen zu vermitteln und ihnen zu zeigen, wie sie diese anhand von erprobten Werkzeugen umsetzen. Das Ziel ist, Veränderungen auf allen Ebenen zu erreichen und die Kultur der Unternehmen nachhaltig zu entwickeln.

Die Kompetenzfelder von FranklinCovey sind:

- Führung
- Produktivität
- Vertrauen
- Umsetzung
- Vertrieb

Programmportfolio

FranklinCovey bietet eine große Bandbreite von innovativen, hochwertigen Trainingsformaten an, die von klassischen Workshops über Vorträge bis hin zu Online- und Blended-Learning-Konzepten reichen. Neben Firmentrainerausbildungen und IP-Lösungen ist auch die Beratung und Leitung von Change-Projekten enthalten. Unternehmen und Organisationen bekommen alle Trainingsinhalte und Programme sowie Webinare und Lernvideos auch als All Access Pass™.

www.franklincovey.com

Stephen R. Covey
Die 7 Wege zu glücklichen Beziehungen
GABAL
Stephen R. Covey
Die 7 Wege zur Effektivität für starke Familien
GABAL
Sean Covey
Die 7 Wege zur Effektivität für Jugendliche
So lebst du deine Ziele und Träume
GABAL
Sean Covey
Die 6 wichtigsten Entscheidungen für Jugendliche
Wie du die Weichen für dein Leben richtig stellst
GABAL
Kory Kogon
Adam Merrill
Leena Rinne
Die 5 Entscheidungen
Prinzipien für außergewöhnliche Produktivität
GABAL
Stephen R. Covey
Die 7 Wege zur Effektivität Workbook
GABAL
In 30 Minuten wissen Sie mehr!
30 Minuten
Jan Kuipers
Ben Tiggelaar
Stephen R. Coveys Die 7 Wege zur Effektivität
GABAL
Stephen R. Covey
Die 12 Gründe des Gelingens
GABAL
Stephen R. Covey
Die 7 Wege zur Effektivität
GABAL
Covey
Die 7 Wege zur Effektivität
Kartendeck mit 50 Karten
GABAL
Stephen R. Covey
Jennifer Colosimo
Vom Beruf zur Berufung
Wie Sie einen tollen Job und persönliche Erfüllung finden
GABAL
Willkommen in deinem ersten Führungsjob!
Die 6 entscheidenden Methoden der Teamführung
GABAL
Loyalität gewinnen
GABAL
Stephen R. Covey
Die 3. Alternative
So lösen wir die schwierigsten Probleme des Lebens
GABAL
Stephen R. Covey
Der 8. Weg
GABAL
Stephen R. Covey
Der 8. Weg Workbook
Der Quantensprung von der Effektivität zur wahren Größe
Das Workbook zum US-Bestseller!
GABAL
Stephen M. R. Covey
mit Rebecca R. Merrill
Schnelligkeit durch Vertrauen
Die unterschätzte ökonomische Macht
US-Bestseller
New York Times,
The Wall Street Journal
und USA Today
GABAL
Die 3 Führungsgespräche
So entfesseln Sie die Talente Ihrer Mitarbeiter
GABAL

»ICH BIN NICHT DAS ERGEBNIS MEINER UMSTÄNDE. ICH BIN DAS ERGEBNIS MEINER ENTSCHEIDUNGEN.«

STEPHEN R. COVEY

Wie Jugendliche die RICHTIGEN ENTSCHEIDUNGEN für ihre Zukunft treffen

Stephen R. Coveys zeitlose Prinzipien für ein ERFÜLLTES FAMILIENLEBEN

INTERNATIONALER BESTSELLER

ÜBER 40 MIO. VERKAUFTE EXEMPLARE WELTWEIT

ISBN 978-3-86936-969-3
€ 19,90 (D) / € 20,50 (A)

ISBN 978-3-96739-014-8
€ 24,90 (D) /| € 25,60 (A)

ISBN 978-3-86936-894-8
€ 24,90 (D) / € 25,60 (A)

Alle Bücher von Stephen R. Covey sowie umfangreiches Zusatzmaterial finden Sie auf **www.stephencovey.de** und auf **www.gabal-verlag.de**.

Alle Titel auch als E-Book erhältlich